관계가
술~술
풀리는
감정
치트키

흔들리는 연애·일·우정을 단단하게 리셋하는 감정관리술

관계가 술~술 풀리는 감정 치트키

비치키 지음

21세기북스

서문

감정관리가
이토록 쉬울 줄이야

　우리가 살아가는 모든 장면에는 관계가 있다. 대화, 회의, 가족의 식탁, 채팅창, SNS 댓글까지. 감정은 언제나 관계 속에서 작동한다. 하지만 대부분의 사람은 감정을 읽지 못한 채, 말만 주고받는다. 이해받지 못했다는 서운함, 인정받지 못했다는 불안, 그리고 설명할 수 없는 오해들이 그렇게 쌓인다. 결국 관계의 문제는 대부분 감정의 문해력 문제다.

　이 책은 바로 그 지점을 다룬다. 감정을 단순한 기분의 문제가 아니라, 사람과 사람 사이를 이어주는 언어이자 논리로 바라본다. 그리고 그 언어를 읽고, 쓰고, 다루는 기술을 '감정 치트키'라 부른다.

유튜브 채널 '비치키'를 운영하며 수많은 사연을 들었다. 누군가는 상사의 무심한 말 한마디에 하루가 무너졌고, 누군가는 연인과의 대화에서 자신도 모르게 공격적으로 변했다고 고백했다. 그 이야기들을 하나하나 분석하며 깨달았다. 감정은 관계를 망치는 원인이 아니라, 관계를 회복시키는 단서였다. 감정을 통제하려 애쓸 때 관계는 왜곡되지만, 감정을 해석할 때 관계는 자연스럽게 복원된다. 그래서 이 책이 말하는 감정관리는 통제가 아니라 설계다. 감정을 이해하고 활용하는 순간, 관계의 구조가 바뀐다.

감정은 생각보다 논리적이다. 불안은 '안전이 필요하다'는 신호이고, 질투는 '나도 저 방향으로 성장하고 싶다'는 신호다. 분노는 '내 경계가 침해되고 있다'는 경고이고, 슬픔은 '이 관계가 나에게 중요했다'는 증거다. 즉, 감정은 언제나 합리적 목적을 가진 데이터다. 다만 그 데이터를 읽는 언어를 배우지 않았을 뿐이다.

이 책의 목적은 그 언어를 훈련하는 데 있다. 읽고, 말하고, 조율하는 법을 익히면, 감정은 더 이상 나를 흔드는 폭풍이 아니라 관계를 안정시키는 리듬이 된다. '감정 치트키'라는 말은 그런 의미에서 탄생했다. 치트키란 복잡한 문제를 단숨에 풀어내는 핵심 알고리즘이다. 이 책의 감정 치트키들은 이론이 아니라 즉시 적용 가능한 문장과 루틴이다. 예를 들어 이런 것들이다.

- **질투가 올라올 때:** 이건 부러움이 아니라, 내 욕망의 방향을 알려주는 신호야.
- **불안이 몰려올 때:** 이건 실패의 예감이 아니라, 준비의 필요성을 알려주는 몸의 언어야.
- **상대의 말이 상처로 느껴질 때:** 그건 그 사람의 감정이지, 내 존재의 평가가 아니야.

감정을 바꾸는 건 어렵지만, 감정에 대한 해석을 바꾸는 건 단 한 문장으로도 가능하다. 이 책의 모든 치트키는 그 한 문장을 찾아내는 도구다.

이제 감정을 통제하는 시대는 끝났다. 감정을 이해하고, 설계하고, 활용하는 시대가 왔다. 감정을 다룬다는 것은 내 감정과 타인의 감정을 하나의 언어 체계로 다루는 일이다. 이 책은 그 언어를 배우는 첫 교재이자, 감정과 관계를 재정렬

하는 가장 현실적인 안내서다.

이 책은 이런 사람들에게 필요하다.

- 말은 많은데 대화는 잘 되지 않는 사람,
- 타인의 말보다 표정에 더 흔들리는 사람,
- 친절하게 대했는데도 오히려 거리감이 생긴 사람,
- 감정을 드러내면 약해질까 봐 늘 삼켜버리는 사람.

감정은 결국 관계의 문법이다. 문법을 알면 문장을 유려하게 쓰듯, 감정의 원리를 알면 관계는 술술 풀린다. 이 책은 그 문법을 풀어내는 실전 교본이자, 보이지 않는 마음을 논리적으로 다루는 기술서다.

감정은 비이성적인 폭발이 아니라, 의미를 가진 신호이자 관계의 구조다. 그 구조를 이해할 때, 관계는 단순해지고 사람 사이의 오해는 점점 줄어든다. 감정의 언어를 배운 사람만이 관계를 자유롭게 말할 수 있다. 감정을 이해하는 사람은, 결국 관계를 설계할 수 있는 사람이다.그 변화가 이 책이 전하고자 하는 가장 큰 선물이다.

차례

서문 감정관리가 이토록 쉬울 줄이야   004

1장   현대인이 감정관리를 연습해야 하는 이유

감정 과부하 시대, 질투에 압도되지 않는 법   014
관계를 망치는 당신의 감정 습관   020
일의 효율을 높이는 감정 정리 기술   027
감정관리는 당신의 하루, 일 년, 인생을 바꿀 수 있다   034

2장   늘 인기 많은 그 사람이 감정을 관리하는 법

관계에서 반복되는 실수를 멈추는 법   044
나를 싫어하는 사람에게 아까운 감정을 낭비하지 마라   052
평범해도 사람을 끌어당기는 내면의 힘   059
후회 없는 대화를 만드는 3가지 기술   068
억울하게 욕먹지 않고 진심을 전하는 법   075
그 사람은 왜 어느새 멀어졌을까?   082

3장 이성적이라는 착각

감정이 당신의 성공을 방해하고 있었다면? 088
논리가 아닌 감정을 흔드는 사기꾼들의 수법 093
이성보다 빠른 감각, 직관의 비밀 103
감정을 외면하면 치르는 대가 111

4장 부정적 감정 VS 긍정적 감정 모두 껴안아야 하는 이유

사람은 울다가 웃을 수 있다: 감정의 양면성을 이해하라 116
행복했던 과거에 갇힌 당신에게 123
감정의 파도에 휩쓸리지 않는 법 129
감정에 휘둘리지 않는 사람들의 습관 134

5장 감정을 표현하는 단어 배우기

진짜 감정을 만나는 2가지 방법　　　　　　　　　　　　142

바다는 비가 와도 넘치지 않는다: 세상을 넓게 보는 사람이
대화를 잘하는 이유　　　　　　　　　　　　　　　　147

미안해하지 않고 나를 지키는 단단한 마음　　　　　　　153

자기 할 말 다 하면서도 미움받지 않는 법　　　　　　　158

6장 감정, 내적으로 해결하기

과거에 얽매이지 않는 사람들의 비밀　　　　　　　　　166

자신감도 감정이다: 결국 성공하는 사람들의 비밀　　　172

감정의 소용돌이에서 벗어나는 법　　　　　　　　　　177

용기가 없어 사랑을 놓치는 당신에게　　　　　　　　　184

한 걸음 떨어져 세상을 보는 지혜　　　　　　　　　　　190

7장 감정, 외부 환경을 해결하기

정리가 당신의 마음을 치유하는 법	200
초라함에 지지 않는 단단한 마음	203
이유 없이 우울할 때 마음 다스리는 법	207

> 1장

현대인이 감정관리를 연습해야 하는 이유

감정 과부하 시대,
질투에 압도되지 않는 법

사실 가까운 사람을 질투하는 경험은 누구나 한 번쯤 있을 것이다. 질투는 인간의 본성이라 어쩔 수 없는 감정이기 때문이다. 하지만 이 감정은 결국 나를 갉아먹는 만성적인 불행만 될 뿐이다. 질투심을 오히려 생산적인 감정으로 바꿀 수는 없을까?

가까이 들여다보기

많은 경우 우리는 친구의 삶을 멀리서 바라본다. SNS에 올

라온 화려한 사진, 성공적인 소식, 남들이 부러워하는 모습을 보며 그들의 삶이 완벽할 것이라 단정 짓는다. 하지만 겉으로 보이는 모습이 전부가 아님을 기억해야 한다.

찰리 채플린은 "인생은 멀리서 보면 희극이지만, 가까이서 보면 비극이다"라고 말했다. 이 말처럼 겉으로 화려해 보이는 사람도 가까이서 들여다보면 내가 만든 환상에 불과했음을 깨닫게 되는 경우가 많다. 우리는 남들이 보여주는 반짝이는 앞면이 아니라, 그 뒤에 감춰진 뒷면을 보려고 노력해야 한다.

친구가 승진해서 높은 자리에 올랐다면 그 자리에 따르는 막중한 책임감과 스트레스, 사생활의 희생이 있을 것이다. 멋진 집을 샀다면 그 뒤에는 엄청난 대출금과 갚아야 할 이자, 집을 유지하기 위한 부담감이 숨어 있을 수 있다.

친구가 겪을 수 있는 어려움, 보이지 않는 곳에서의 노력, 그들이 감수해야 하는 희생을 상상해보자. 물론 친구의 불행을 바라는 것은 아니다. 그들이 겪는 사생활 속 고충을 상상함으로써, 우리가 만들어낸 '실체 없는 질투심'을 줄여보려는 것이다. 우리가 질투하는 대상이 실제로는 완벽하지 않다는 것을 깨닫는 것만으로도 질투심은 크게 줄어들 수 있다. 질투는 종종 현실이 아닌 상상 속에서 자라난다.

막연한 상상 속에서 만들어진 환상이 깨지는 순간, 질투심은 힘을 잃게 된다. 질투는 우리가 만들어낸 허상에 불과할 수 있다는 것을 인지하고, 친구의 삶을 좀 더 현실적으로 바라보는 것이 이 방법의 핵심이다. 멀리서 바라본 화려함이 전부가 아니라는 것을 깨닫는 순간, 불필요한 질투는 자연스럽게 사라진다.

미트프로이데 Mitfreude

미트프로이데Mitfreude는 독일어로 '함께'를 뜻하는 '미트Mit'와 '기쁨'을 뜻하는 '프로이데Freude'가 합쳐진 말이다. 말 그대로 다른 사람의 기쁨을 함께 나누는 것을 의미한다. 미트프로이데는 단순히 '축하해'라고 말하는 걸 넘어서, 상대의 기쁨을 함께 느끼려는 적극적인 공감 태도를 말한다.

친구의 좋은 소식에 질투심이 먼저 솟아오르는 것은 자연스러운 일이다. 처음에는 누구나 순간적으로 시기심이 치솟을 수 있어 어색하게 느껴질 수 있다. 시험에 합격한 친구에게 마음에도 없는 축하를 건네는 것처럼 말이다. 하지만 그 감정을 그대로 두지 않고 의식적으로 미트프로이데를 연습하면 질투심은 옅어지고, 대신 긍정적인 감정으로 채울 수 있다.

"대박! 나 합격했다!"라는 친구의 말에 '나는 아직도 공시생인데……'라는 생각에 빠져드는 대신, "정말 대단하다! 너의 노력이 드디어 빛을 발했구나!"라고 진심으로 기뻐해보자. 그 순간의 기쁨에 온전히 집중하는 연습을 하는 것이다. 훈련을 통해 '다른 사람이 행복할 때 어떤 기분일까'를 상상할 수 있게 되면, 시기심을 씻어내고 상대방과의 유대감을 쌓을 수 있다.

단순한 축하는 누구나 할 수 있지만, 진심으로 기쁨을 함께하는 공감은 쉽게 잊히지 않는다. 그들도 우리의 진심을 온몸으로 느낄 것이고, 그런 진심을 가진 사람은 흔치 않기 때문에 더욱 특별하게 기억될 수밖에 없다. 상대의 행복을 함께 기뻐하는 연습을 통해, 질투심을 긍정적인 유대감으로 바꿀 수 있다.

본보기 삼기

'본보기 삼기'는 단순히 질투를 억누르는 것이 아니라, 그 부정적인 감정을 긍정적인 에너지로 전환하는 가장 강력한 방법이다. 나보다 더 많은 것을 이룬 사람을 끌어내리려는 마음 대신, '나도 저기까지 갈 수 있다' 하는 성장 동력으로 삼는 방법이다.

질투는 우리가 무언가를 갈망하고 있다는 신호이다. 친구의 성공을 보며 질투심을 느낀다면, 그건 나 역시 그 성공을 이루고 싶다는 잠재적인 욕망이 있다는 뜻이다. 이 욕망을 상대를 깎아내리는 부정적인 방향으로 사용하지 않고, 나를 발전시키는 긍정적인 방향으로 사용하면 된다.

질투심은 때로는 더 뛰어난 사람이 되기 위한 연료가 될 수 있다. 물론 말처럼 쉽지는 않겠지만, 나에게는 나 자신을 한 단계 성장시킬 능력이 있다.

질투라는 강력한 치트키

 선택은 오직 나의 몫이다. 그 사람이 내려오길 바라며 평생 시궁창에 있을 것인지, 아니면 그 사람과 함께 완전히 높고 새로운 세상을 누릴 것인지. 질투라는 감정을 성장의 본보기로 삼는다면, 우리의 삶은 훨씬 더 풍요로워질 수 있다. 성공한 친구는 나의 경쟁자가 아닌, 내가 나아가야 할 길을 보여주는 이정표가 될 수 있다. 질투를 통해 나의 잠재력을 발견하고, 더 나은 미래를 향해 나아가보자.

> **심리 치트키** **질투심에 압도되지 않고 생산적으로 전환하는 방법**
>
> 1. **가까이 들여다보기** 성공의 이면에 숨겨진 책임감과 고충을 상상하여 질투 대상이 완벽하다는 환상을 깨고 질투심을 현실적으로 줄인다.
> 2. **미트프로이데**^{Mitfreude} **실천** 상대방의 기쁨에 의식적으로 집중하고 진심으로 함께 기뻐하여 질투심을 긍정적인 유대감으로 전환한다.
> 3. **본보기 삼기** 질투를 성취하고 싶다는 욕망의 신호로 해석하고, 성공한 사람을 나의 성장을 위한 이정표로 삼아 긍정적인 동력으로 활용한다.

관계를 망치는
당신의 감정 습관

 주변 사람들을 떠나가게 만들어서 점점 더 고립되는, 자신만 모르는 사회성 없는 사람의 특징은 무엇일까? 이들은 자신도 모르는 사이에 타인에게 멀어지는 행동을 반복하며, 결국 외로움과 고립의 굴레에 갇히게 된다. 이러한 사회적 고립은 단순히 외로운 감정을 넘어, 우울감, 불안감과 같은 부정적인 감정을 심화시켜 악순환에 빠뜨린다. 나도 모르는 사이에 외면당하는 사회성 없는 사람의 특징을 알아보자.

✳ 라멘 취향 논쟁 ✳

왕대의 원룸 자취방. 왕대와 그의 여자친구 히진이 나란히 앉아 비디오 게임을 하며 대화를 나누고 있다.

히진이 먼저 말을 꺼냈다. "혜정 언니랑 라멘 먹었는데, 진짜 맛있더라. 어떻게 그런 맛이 나지?"

왕대가 손에 쥔 패드를 움직이며 대답했다. "그래? 근데 거기 인기는 있는데, 정작 근본 라멘 맛을 느끼기엔 좀 아쉽다고 하던데?"

히진은 고개를 갸웃하며 반박했다. "응? 난 맛있던데."

왕대가 다시 물었다. "거기 돈코츠 라멘이 좀 밍밍하다고 들었는데, 아니야?"

히진은 잠시 생각하다가 고개를 끄덕였다. "응, 좀 밍밍하다고 할 수도 있지. 근데 그게 오히려 깔끔해서 더 좋았어."

그러자 왕대는 고개를 저으며 고집을 굽히지 않았다. "에이, 뭘 모르네. 자고로 돈코츠 라멘은 말이야, 약간 꿉꿉하고 묵직해야 맛있는 거야. 그렇게 깔끔한 게 먹고 싶으면 그냥 집에서 라면 끓여 먹지."

'주장'만 내세우고 '취향'을 존중하지 않는 사람

그냥 가볍게 나눌 잡담조차도 어느 순간 논쟁거리로 만드는 사람의 특징은 매사에 자신의 의견을 강력하게 주장하려 든다는 것이다.

가볍게 오가는 대화 속에서 계속 자신의 의견을 주장하려 든다면, 상대방 입장에선 그 의견에 반박하여 말다툼을 하거나, '그래 네 말이 다 맞다' 하면서 그냥 대화를 끝내는 것 말고는 딱히 할 수 있는 게 없다.

하지만 이와 반대로, 주장이 아니라 '취향'으로 대화하면 대화의 분위기는 몰라보게 부드러워진다. 잡담에는 정답이 없다. 각자의 취향만 있을 뿐, 누가 맞고 틀리고 굳이 승패를 나눌 이유가 없다.

왕대가 '맞네. 원래 텁텁한 거 별로 안 좋아하잖아. 그럼 입맛에 딱 맞았겠는데?'라고 히진의 취향을 존중해주었다면 히진은 미소를 지으며 '맞아 내 입맛엔 잘 맞았는데 혜정 언니는 좀 심심한 맛이었대'라고 하며 대화가 이어졌을 것이다.

상대방의 의견에 동의하지 못하더라도, 그것이 '틀렸다'고 단정 짓기보다 '그럴 수도 있겠다'라는 태도로 받아들여야 한다. 특히 사적인 대화나 가벼운 잡담에서는 논쟁보다는 서로의 취향을 인정하고 공감하며 부드럽게 대화를 이어가는 것이 사회성을 높일 수 있다.

✷ 선입견으로 가득 찬 판단 ✷

게임을 하다 출출해진 왕대와 히진은 라면을 끓여 먹었다. 김이 모락모락 오르는 국물을 떠먹던 중 히진이 덤덤하게 말했다. "이번에 혜정 언니 남자친구도 같이 만났거든? 근데 진짜 잘생기셨더라. 깜짝 놀랐어. 거의 연예인인 줄 알았어."

왕대가 젓가락을 멈추며 물었다. "진짜? 나보다?"

그러자 히진은 대답을 피하듯 웃으며 말했다. "와, 이거 국물 진짜 깔끔한데?"

왕대는 '왜 내 말을 흘려듣는 것 같지?' 하고 속으로 중얼거리며 괜히 눈치를 보더니 애써 태연한 척 물었다. "아무튼 뭐…… 근데 그 남자친구라는 사람, 직업은 뭐야?"

히진이 면을 후루룩 넘기고 대답했다. "아마 중고차 딜러일걸?"

그 말을 듣자 왕대의 얼굴에 화색이 돌더니 갑자기 소리를 높였다. "뭐? 중고차 딜러라고? 와, 진짜 중고차 딜러는 무조건 걸러야 되는데!"

잠시 뒤, 왕대는 휴대폰을 꺼내 혜정의 SNS 계정을 뒤적였다. 사진을 살펴보다가 혜정의 남자친구 사진을 보고는 '와, 잘생기긴

> 했네' 하고 중얼거렸다.
> 그러다 어느 단독 사진에서 문신을 발견하자 다시 목소리를 높였다. "어, 뭐야? 문신 있네? 와, 진짜 문신충은 무조건 걸러야 되는데!"
> 히진은 젓가락을 내려놓으며 조용히 말했다. "근데 막상 만나보면 그렇게 나쁜 사람 같지는 않던데?"
> 그러나 왕대는 고개를 세차게 저으며 고집을 꺾지 않았다. "아니야. 이건 진짜 과학이야."

쉽게 단정 짓는 '대표성 휴리스틱'의 함정

생각의 그릇이 너무 작은 나머지 사회성마저 결여돼 보이는 사람의 특징은 바로 '대표성 휴리스틱Representativeness Heuristic'에 너무 사로잡혀 있다는 것이다. 대표성 휴리스틱이란, 어떤 집합의 특정 이미지가 그 집합의 대표적인 특성이라고 어림짐작하는 심리이다. 선입견으로 어떤 대상을 너무 쉽게 판단해버리는 것이다.

물론 선입견이 마냥 나쁜 것만은 아니다. 선입견은 빠르고 현명한 판단을 내릴 수 있도록 도와주는 꽤 괜찮은 도구가 될 수 있다. 하지만 왕대처럼 '중고차 딜러? 난 무조건 걸러야 된다고 본다. 문신충? 고민할 시간에 이미 걸러야지. 뱀눈도 가급적이면 거르고 인스타충도 거르고 애니 프사, 액정 깨진 아이폰, 믿고 걸러야지. 안 그래?'라고 과하게 '거르기'를 한다면 어떨까.

직장이든 사람이든 우리는 요즘 너무 많은 것을 너무 쉽게 거르며 살아가고 있는 건 아닐까? 아니면 반대로, 그렇게 쉽게 걸러지며 살아왔는지도 모르겠다.

사람이나 상황을 너무 쉽게 단정 짓는 습관은 깊이 없는 인상을 주고, 타인과의 관계를 단절시킬 수 있다. 선입견을 완전히 버릴 수는 없겠지만, 최소한 열린 마음으로 상대를 대하고 그 사람의 진면모를 파악하려 노력해야 한다. 모든 사람을 '유형'으로만 판단하기보다 '개인'으로 바라보고 이해하려는 노력 말이다.

본인만 모르는 사회성 없는 사람은 첫째, 가벼운 잡담마저 자신의 '주장'으로 논쟁을 만들고 '취향'을 존중하지 않는다. 둘째, '대표성 휴리스틱'에 사로잡혀 선입견으로 사람을 너무 쉽게 단정 지어 버린다.

진정한 사회성을 기르려면, 대화에서는 상대방의 취향을 존중하고, 사람을 대할 때는 선입견을 내려놓고 열린 마음으로 이해하려는 노력이 필요하다.

심리 치트키   관계를 망치는 사회성 없는 사람의 특징

---

1. **주장만 내세우고 취향을 존중하지 않음** 가벼운 대화도 자신의 주장으로 논쟁을 만들고 상대의 취향을 틀렸다고 단정 짓는 대신, 취향을 인정하고 공감해야 한다.
2. **쉽게 단정 짓는 '대표성 휴리스틱'의 함정** 선입견에 사로잡혀 사람을 너무 쉽게 '유형'으로 판단하고 걸러내기보다는, 열린 마음으로 '개인'의 진면모를 파악하려 노력해야 한다.

일의 효율을 높이는 감정 정리 기술

 '일머리가 있다'라는 칭찬을 들어본 적 있을 것이다. 많은 사람들이 타고난 재능이라고 생각하지만, 사실 '일머리'는 누구나 습관을 통해 만들 수 있는 기술에 가깝다. 우리는 살면서 수많은 일을 처리한다. 학교에서 과제를 하거나, 직장에서 업무를 보거나, 심지어 집안일을 할 때도 그렇다. 이때 어떤 사람들은 항상 깔끔하고 완벽하게 일을 처리하는 반면, 어떤 사람들은 늘 허둥대고 결과도 만족스럽지 못할 때가 있다. 흔히 '일머리가 좋다'라고 하는 사람들은 바로 전자에 속한다. 일머리가 좋다는 것은 무엇일까? 일잘러는 특별한 재능을 타고난 것이 아니라, 일을 처리하는 핵심 원리를 알고 있는 사람이다.

멀티태스킹 금지

우리는 종종 여러 가지 일을 동시에 처리하는 사람을 보며 '와, 정말 능력 있다!'라고 생각한다. 회의 중 전화를 받고, 메일을 확인하면서 동시에 보고서를 수정하는 모습은 왠지 프로페셔널해 보이기까지 한다. 하지만 놀랍게도, 이러한 멀티태스킹은 생산성을 떨어뜨리는 최악의 습관이다.

많은 사람들이 여러 가지 일을 동시에 처리하는 것을 능력으로 착각한다. 하지만 이는 큰 오해이다. 오히려 일을 제대로 처리하고 싶다면 한 번에 한 가지 일에만 집중해야 한다.

왜 그럴까? 우리 뇌의 구조적인 한계 때문이다. 우리의 뇌는 여러 가지 일을 동시에 처리하도록 설계되지 않았다. 인간의 뇌는 한 번에 여러 가지 작업을 동시에 완벽하게 처리할 수 없다. 대신, 한 작업에서 다른 작업으로 아주 빠르게 전환하는 것일 뿐이다.

뉴욕타임스 베스트셀러 『도둑맞은 집중력』의 저자 요한

하리에 따르면, 뇌는 한 가지 작업에서 다른 작업으로 이동할 때마다 '전환 비용 Switch-Cost'을 지불해야 한다. 컴퓨터가 여러 개의 프로그램을 동시에 실행하면 속도가 느려지듯, 우리의 뇌도 이전 작업의 내용을 떠올리고 새로운 작업에 집중하는 데 에너지를 소모한다.

예를 들어 보고서를 쓰다가 갑자기 온 메일을 확인하고, 다시 보고서로 돌아오는 과정을 반복한다고 가정해보자. 뇌는 계속해서 이전에 무슨 생각을 하고 있었지? 지금 처리해야 할 작업은 뭐지? 하고 작업 내용을 떠올리는 데 에너지를 낭비하게 된다. 뇌는 메일에 대한 정보를 지우고 다시 보고서의 내용과 맥락을 떠올려야 한다. 이 과정은 짧게는 몇 초, 길게는 몇 분이 걸리기도 한다. 만약 이런 전환이 하루에 수십 번 반복된다면, 우리의 소중한 시간과 에너지는 알게 모르게 엄청나게 낭비되고 있는 것이다. 결국 멀티태스킹은 업무 처리 속도와 정확도를 모두 떨어뜨리는 비효율적인 습관이다.

여러 가지 일을 동시에 처리하려고 할 때, 우리는 '모든 것을 완벽하게 해내야 한다'는 불안감에 시달린다. 이 압박감은 마음을 초조하게 만들고, 결국 어떤 일에도 온전히 집중하지 못하게 한다. 멀티태스킹은 뇌에 엄청난 에너지를 소모하는 일이다. '전환 비용' 때문에 뇌는 끊임없이 에너지를 낭비하게 되고, 정신적, 육체적 소진으로 이어지다가 결국 아무것도 하기 싫은 무기력한 상태가 될 수 있다.

진정한 일잘러들은 이러한 사실을 본능적으로 알고 있다. 그들은 여러 일을 동시에 처리하는 것처럼 보이지만, 사실은 한 번에 한 가지 일에만 완전히 집중하는 습관을 들인다. 보고서를 쓸 때는 보고서에만 몰입하고, 회의에 참석할 때는 회의 내용에만 집중하는 식이다. 이렇게 한 번에 한 가지에 몰입하는 습관을 들이면, 일의 완성도가 높아지고 처리 속도가 빨라지는 놀라운 경험을 하게 될 것이다. 멀티태스킹을 포기하고 '단일 집중Single-Tasking'의 힘을 키우는 것이 일잘러가 되는 첫 번째 비밀이다.

우선순위 정하기

이러한 감정적 어려움을 해결하는 열쇠는 결국 '선택과 집중'에 있다. 모든 일을 다 잘할 필요는 없다는 것을 받아들이고, 가장 중요한 일에 에너지를 쏟아붓는 습관을 기르면 심리적으로도 훨씬 안정될 수 있다.

멀티태스킹을 멈추고 한 가지 일에 집중하기로 마음먹었다면, 이제는 어떤 일부터 시작할지 결정해야 한다. 이때 필요한 것이 바로 '우선순위'를 정하는 능력이다.

하루에도 처리해야 할 수많은 업무가 우리를 기다리고 있다. 중요한 회의 준비부터 간단한 메일 회신, 자료 정리, 보고서 작성까지. 이 모든 일을 똑같은 에너지와 시간을 들여 처리할 수는 없다. 이때 일머리가 있는 사람들은 본능적으로 가장 중요한 일부터 먼저 해결한다.

이러한 접근 방식의 근거는 바로 '파레토의 법칙', 일명 '20대 80의 법칙'이다. 경제학에서 말하는 파레토 법칙은 '전체 결과의 80%가 전체 원인의 20%에서 발생한다'는 현상을 말한다. 이 20대 80의 법칙은 일과도 연결된다. 노력의 20%가 결과의 80%를 만들어낸다는 의미다. 바꿔 말하면, 우리가 하는 수많은 일들 중에서 실제로 중요한 가치를 창출하는 핵심 업무는 소수에 불과하다는 뜻이다.

우선순위를 정하지 못하고 여러 일을 뒤섞어 처리할 때 우리는 다양한 감정적 어려움을 겪는다. 모든 업무가 중요하게 느껴져 어떤 일부터 시작해야 할지 모를 때 불안감이 찾아올 수도 있다. '이 일을 먼저 안 하면 큰일 날 것 같은데…… 저것도 해야 하는데'와 같은 생각에 갇히면, 아무것도 제대로 시작하지 못하게 되기도 한다. 중요하지 않은 사소한 일에 에너지를 낭비하다 보면, 정작 중요한 일을 처리해야 할 때쯤 이미 지쳐버린다.

우선순위를 정하지 못하면, 우리는 늘 바쁘지만 결과는 없는 상태에 놓이게 된다. '나는 열심히 하는데 왜 성과가 없지?'라는 생각이 들며 피로감과 무력감에 빠진다.

일을 시작하기 전에 딱 한 번만 생각해보자. 가장 중요한 가치를 창출하는 20%의 핵심 업무는 무엇인가? 하긴 해야 하지만 딱히 중요하지 않은 80%의 잡다한 업무는 무엇인가? 이 둘을 명확하게 구분하는 것이 일의 효율성을 높이는 첫걸음이다. 그리고 가장 중요한 핵심 업무부터 먼저 처리하면 된다.

왜 핵심 업무를 먼저 해야 할까? 인간의 뇌는 마치 핸드폰 배터리와 같다. 아침에 일어나면 배터리가 100% 충전되어 있어 무엇이든 원활하게 할 수 있지만, 시간이 지날수록 에너지가 소모되어 생산성이 떨어진다. 가장 중요한 일은 가장 많은 집중력과 에너지를 필요로 한다. 따라서 뇌의 배터리가 100%인 오전 시간에 가장 중요한 핵심 업무를 끝내야 한다. 중요하지 않은 일에 소중한 에너지를 낭비하다 보면, 정작 중요한 일을 해야 할 때쯤에는 이미 지쳐버려 제대로 된 성과를 내기 어렵다. 에너지의 효율적인 배분을 통해 일을 가장 효과적으로 끝내는 것이 일잘러들의 두 번째 비밀이다.

> 🩵 심리 치트키   **일의 효율을 높이는 감정 정리 기술**
>
> ---
>
> 1. **멀티태스킹 금지, 단일 집중** 여러 일을 동시에 처리하면 뇌의 '전환 비용'으로 에너지와 시간을 낭비하며 효율이 떨어지므로, 한 번에 한 가지 일에만 완전히 집중한다.
> 2. **우선순위 정하기(파레토 법칙)** '20대 80의 법칙'에 따라 결과의 80%를 만드는 20%의 핵심 업무를 파악하고, 가장 에너지가 넘치는 시간(오전)에 이를 먼저 처리한다.

감정관리는 당신의 하루, 일 년, 인생을 바꿀 수 있다

 살다 보면 누구나 실수를 하고, 때로는 같은 실수를 반복하기도 한다. "이번엔 정말 다이어트 성공한다!" 하고 다짐하지만, 결국 야식의 유혹에 넘어가는 것처럼 말이다. 이런 반복적인 실수와 그때마다 밀려오는 부정적인 감정들을 적절히 해소하지 못하면, 우리 마음은 병이 들 수 있다. 바로 우울증, 무기력, 불면증 같은 정신 건강 문제다. 특히 직장이나 인간관계에서 받은 스트레스나 상처를 끙끙 앓고 있으면, 타인과의 관계에서 갈등이 커지고, 또다시 정신 건강에 악영향을 미치는 악순환으로 이어지게 된다.

머리 말고 마음, 감정 다스리기

　우리는 보통 어떤 일을 결정할 때 '이성적으로 판단해야지' 하고 생각한다. 그러나 로버트 그린의 『인간 본성의 법칙』에 따르면, 인간의 행동은 이성적인 판단보다는 그 순간의 감정이나 기분이 더 깊이 개입된다고 한다. 머리는 '다이어트해야 해!'라고 외치는데, 마음은 '맛있는 치킨 먹고 싶다!' 하고 유혹하는 것이다. 머리로는 '다이어트'라는 정답을 알고 있지만, 마음은 '폭식'이라는 오답을 자꾸 선택한다. 머리와 마음 사이에서 갈등하다가 우리는 보통 마음이 이끄는 대로 행동하게 된다.

　이렇게 우리 마음은 한 마리의 야생마같이 멋대로 날뛰고 통제하기가 정말 어렵다. 머리로는 해야 할 일과 하지 말아야 할 일을 명확히 알고 있지만, 마음이 통제되지 않으면 같은 실수를 반복하게 된다. 따라서 건강한 정신 상태를 유지하기 위해서는 이 '마음'을 통제하는 방법을 배워야 한다.

남 탓 금지! 탓하기 편향과 감정 회피의 함정

그럼 이 마음의 야생마를 어떻게 길들일 수 있을까? 가장 먼저 해야 할 일은 바로 '탓하기 보호막'을 걷어내는 것이다. 인간이라면 누구나 남을 탓하는 '탓하기 편향'을 가지고 있다. 실수를 했을 때 실수투성이인 자신과 마주하는 것이 너무나 고통스럽기 때문에 우리는 본능적으로 실수의 원인을 내가 아닌 다른 사람이나 상황에 돌리려는 경향을 띤다.

예를 들어 다이어트에 실패한 사람이 '친구들이 계속 치킨 먹자고 해서' 또는 '물만 마셔도 살찌는 체질이라서'라고 핑계를 대는 것은 자신의 마음속 야생마가 상처받지 않도록 보호하는 탓하기 보호막을 치는 행위이다. 당장은 이러한 보호막 덕분에 큰 상처를 입지 않고 고통이 덜할 수 있다. 하지만 문제는 이 탓하기 보호막이 영원하지 않다는 점이다.

보호막이 영원히 우리를 지켜줄 수는 없다. 언젠가는 보호막이 사라지는 순간이 온다. 그리고 보호막이 힘을 쓰지 못하는 순간이 오면, 보호막 속에서 제멋대로 자란 야생마는 새로운 환경에 적응하지 못하고 혼란에 빠지게 된다.

더 이상 타인을 탓할 수 없게 되는 순간 자신을 직시하게 되고 큰 충격과 고통을 겪게 되는 것이다. 이때 밀려오는 상처와 고통은 우울감과 무기력함으로 이어질 수 있다. 마음이 너무 괴로우니 잠도 제대로 못 자고 불면증까지 생길 수 있다. 감정을 외면하고 남 탓하는 보호막 뒤에 숨는 것은 당장은 편할지 몰라도, 결국 우리 정신 건강을 병들게 하는 이유가 된다.

감정 쓰레기는 그때그때 버리기

감정을 적절하게 해소하지 못하고 쌓아두면 우울증, 무기력, 불면증 등의 정신 건강 문제로 이어질 가능성이 크다. 직장 스트레스, 인간관계에서의 갈등, 개인적인 실망감 등 다양한 상황에서 발생하는 부정적인 감정들이 해소되지 못하고 계속 마음속에 담아두면, 쓰레기가 쌓이는 것처럼 마음속에 응어리져 자리 잡게 된다. 이 응어리들은 우리의 사고방식과 행동에 부정적인 영향을 미치며, 결국 타인과의 관계에서도 갈등을 키우게 된다.

직장에서 쌓인 불만을 표출하지 못하고 억누르면, 다른 인간관계에서 사소한 일에도 예민하게 반응하거나 폭발하는 형태로 나타날 수 있다. 예를 들어 직장에서 상사에게 혼이 나서 잔뜩 화가 났는데 그걸 풀지 못하고 퇴근하면, 집에 와서 가족들에게 사소한 일에도 버럭 화를 내거나 예민하게 반응할 수 있다. 그러면 가족과의 관계도 나빠지고, 나중에는 내가 왜 그랬을까 후회하고 죄책감에 시달리게 된다. 타인을 향한 비난이나 불만 표출은 관계를 악화시키고, 이는 다시금 죄책감이나 후회와 같은 부정적인 감정으로 이어져 정신 건강을 더욱 취약하게 만든다.

따라서 정신 건강을 유지하고 주변 사람들과도 잘 지내려면, 감정을 적절하게 해소하는 방법을 배우고 실천할 수 있어야 한다. 단순히 감정을 억누르지 않고 폭발시키라는 뜻이 아니다. 내 감정이 어떤지 스스로 이해하고 인정하면서, 건강한 방법으로 그 감정들을 다스리는 연습을 해야 한다는 것이다.

건강하게 감정을 해소하는 방법은 감정의 강도를 낮추고 소화하는 활동에 집중하는 것이다. 샌드백을 치거나 소리를 지르는 등 순간적인 폭발형 해소법은 일시적으로 시원함을 주지만, 심리적 각성 상태를 유지시켜 장기적인 감정 조절에는 오히려 역효과를 낼 수 있다. 대신, 명상, 심호흡, 요가와 같이 심장 박동수를 낮추는 '마음을 진정시키는 활동'이 더 효과적일 수 있다. 일기 쓰기나 신뢰하는 사람과의 대화를 통해 감정을 구체적인 언어로 표현하거나, 긍정적인 감정을 주는 취미 활동이나 가벼운 산책 등으로 주의를 돌려 부정적인 에너지를 건설적으로 소모하는 방법도 있다.

아파도 괜찮아! 나를 받아들이는 용기

궁극적으로는 지금 당장은 아프고 힘들더라도 남 탓하지 말고 실수투성이인 나 자신을 있는 그대로 받아들이는 용기가 필요하다. 내가 잘못한 부분을 인정하고 마주하는 건 결코 쉬운 일이 아니다. 하지만 이런 과정이야말로 우리 마음속의 야생마를 더욱 강하고 현명한 '명마'로 만들어줄 훌륭한 훈련이 된다. 자기 잘못을 인정할 줄 아는 사람은 문제 해결 능력이 뛰어나고, 타인과의 관계에서도 더욱 솔직하고 진정성 있는 모습을 보여줄 수 있다. 이런 태도는 결국 우울증, 무기력, 불면증 같은 정신 건강 문제를 미리 막고, 또 이미 겪고 있다면 극복하는 데 엄청난 도움이 된다. 그리고 더 나아가, 건강하고 긍정적인 삶을 살아가는 데 든든한 밑바탕이 되어줄 수 있다.

나 자신을 받아들이는 용기는 단순히 개인적인 성장에만 국한되지 않는다. 자신의 감정을 인정하고 관리할 줄 아는 사람은 타인의 감정에도 더 잘 공감하고 이해할 수 있게 된다. 직장이나 사회생활은 물론 친구나 가족 같은 개인적인 인간관계에서도 큰 도움이 된다. 결국 자신의 실수를 인정하고 감정을 건강하게 해소하는 것이야말로 더 나은 나를 만들고, 더 건강한 관계를 맺으며, 우리 삶 전체를 더 풍요롭게 만드는 길이다.

자신을 있는 그대로 수용하는 이 용기는, 우리를 외부의 비난이나 시선에 휘둘리지 않는 '심리적 유연성'을 갖춘 사람으로 만든다. 심리적 유연성이란 삶의 어려움과 고통스러운 감정을 회피하거나 억누르지 않고 있는 그대로 인정하면서도, 자신이 중요하게 생각하는 가치에 따라 행동할 수 있는 마음의 능력을 말한다.

실수를 인정하는 사람은 일희일비지 않고 문제 해결이라는 가치에 집중할 수 있으며, 이는 스트레스 상황에서도 무너지지 않는 단단한 내면의 힘이 된다. 나를 받아들이는 용기는, 불안과 불확실성으로 가득한 세상을 긍정적이고 능동적으로 살아갈 수 있는 가장 강력한 무기가 된다.

> **심리 치트키 삶을 바꾸는 감정 관리의 핵심**
>
> 1. **머리 말고 마음, 감정 다스리기** 이성(머리)보다 감정(마음)이 행동을 지배하므로, 같은 실수를 반복하지 않으려면 야생마 같은 마음을 통제하는 법을 배워야 한다.
> 2. **남 탓 금지, 탓하기 편향 벗어나기** 실수의 고통을 피하려 남 탓하는 보호막에 숨지 말고, 자신을 직시하는 용기를 가져야 정신 건강의 악순환을 막을 수 있다.
> 3. **감정 쓰레기는 그때그때 버리기** 쌓아둔 부정적 감정은 결국 우울증, 무기력으로 이어지고 관계를 망치므로, 감정을 인정하고 건강한 방법으로 다스린다.

2장

늘 인기 많은 그 사람이 감정을 관리하는 법

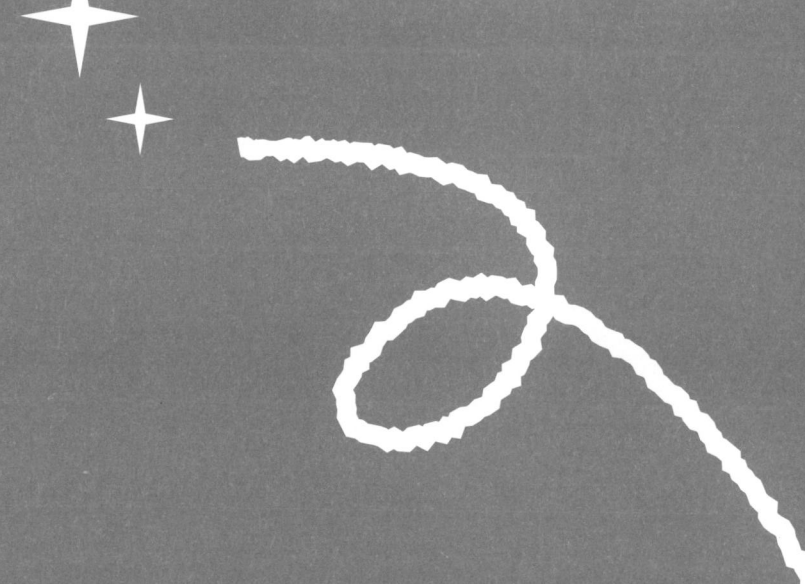

관계에서 반복되는 실수를
멈추는 법

 나이를 먹는다고 해서 모두가 저절로 '어른'이 되는 건 아니다. 특히 인간관계에서 비슷한 문제를 반복하며 어려움을 겪는 사람들이 많다. 이들이 관계에서 겪는 만성적인 문제는 대부분 과거의 감정적 트라우마에서 비롯된다. 어린 시절 안정적인 관계를 경험하지 못해 생긴 상처가 자신을 보호하기 위한 습관으로 굳어진 결과이기도 하다. 과거의 상처가 현재의 관계를 지배하고 있는 셈이다. 이러한 상처는 어른이 되었음에도 불구하고 건강한 관계를 맺지 못하게 방해한다.

과거의 '애착 손상'으로 인한 방어기제

사람들은 살아가면서 알게 모르게 다양한 성격적 문제들을 겪는다. 너무 착해서 이용당하는 호구가 되거나, 극도로 소심하거나, 때로는 허세를 부리거나 막말을 하기도 한다. 누군가에게 집착하거나 폭력적이거나 고집이 세기도 하고, 심지어는 모든 상황을 회피해버리기도 한다. 이런 모난 성격은 왜 생겨나는 걸까? 그 이유는 바로 '애착 손상' 때문일 가능성이 크다.

우리는 어린 시절 부모님이나 주 양육자와의 관계를 통해 세상을 배우고 사람을 신뢰하는 법을 익힌다. 이 시기에 안정적인 애착 관계를 형성하지 못하고 애착 손상을 겪으면 무의식중에 상처가 남게 된다. 그리고 이 상처는 어른이 되어서도 특정한 방식으로 드러나 우리의 인간관계에 영향을 미치게 된다.

✻ 과거의 상처, 현재의 나 ✻

화실에서 왕대는 이젤 앞에 앉아 그림을 그리고 있었다. 모델인 히진은 밝고 당돌한 표정이었고, 왕대는 그녀에게 반한 듯한 눈빛을 하고 있었다. 하지만 곧 복잡한 기색을 드러내며 목덜미를 긁고 시선을 피했다. 그의 모습에는 분명 망설임이 묻어 있었다. 그때 히진이 환하게 웃으며 물었다. "오늘 작업 끝나고 같이 저녁 드실래요?"

왕대는 잠시 머뭇거리더니 목덜미를 긁으며 대답했다. "미안. 약속이 있어서……." 그는 히진에게 호감을 느끼고 있었지만, 본능적으로 그녀의 제안을 회피했다. 좋아하는 마음이 커지고 상대가 소중해질수록, 오히려 불안감이 앞서며 관계를 피하려는 것이다. 이러한 태도는 왕대의 '회피성 방어기제'를 선명하게 드러낸다. 그는 왜 이렇게 마음을 열지 못하고 늘 도망치려 할까? 그 이유는 그의 어린 시절, 바로 애착 손상에서 찾을 수 있다.

어린 왕대는 어느 날 동네 형 방에서 컴퓨터 게임을 하고 있었다. 그때 동네 형이 무심히 말을 던졌다. "우리 엄마한테 들었는데, 너희 부모님 이혼하신대. 알고 있었어?" 왕대는 순간 당황했지만 애써 태연한 척 대답했다. "정말? 난 못 들었는데." 형이 걱정스러운 표정으로 "괜찮아?"라고 묻자, 왕대는 목덜미를 긁적이며 말했다. "응. 괜찮아. 아무렇지 않은데?"

아무런 설명도 없이 갑작스럽게 부모님의 이혼 사실을 마주한 어린 왕대는 큰 충격을 받았다. 그러나 그는 자신의 감정을 숨기고

> '괜찮다, 아무렇지 않다'라는 말을 되뇌며 현실을 덤덤히 받아들이려 했다. 제대로 치유되지 못한 이 상처는 결국 무의식 깊숙이 자리 잡았다.
>
> 그 상처는 성인이 된 지금도 관계 속에서 회피적인 행동을 유발한다. 누군가를 좋아하면서도 쉽게 다가가지 못하고, 다시 상실감이나 공허함을 겪을까 두려워 미리 마음을 닫아버리는 것이다. 결국 왕대가 히진에게 보인 태도는 어린 시절의 아픔이 만들어낸 익숙한 방어벽이었다.

'난 원래 그래'라는 생각에 갇히는 것

첫 번째 특징이 과거의 경험에서 비롯된 무의식적인 반응이라면, 두 번째 특징은 이러한 반응이 반복되면서 스스로를 특정 틀에 가두는 것이다.

우리는 살면서 비슷한 좌절의 순간들을 반복하다 보면 자연스럽게 '난 원래 그래'라로 스스로를 단정 지어 버리게 된다.

하지만 우리 인생은 영화의 기승전결처럼 흐른다. 친구에게 재미있는 영화를 추천했는데, 친구가 앞부분 20분만 보고

재미없다고 한다면 뭐라고 할까? "앞부분만 참고 보면 꿀잼이라니까!"라고 말하지 않을까? 우리 인생도 마찬가지다. 일부분만 보고 내 인생 전부를 판단하기에는 너무 이르다.

'기起'와 '승承'의 내가 특정한 사람이었다고 해도, '전轉'부터는 충분히 다른 존재가 되어 새로운 전개를 이어갈 수 있다. 어린 시절 손상된 애착 관계가 트라우마로 남아 끊임없이 방어기제를 일으키고, 그 애착 손상 때문에 혼란스럽더라도 우리는 충분히 극복하고 성장할 수 있다. 물론 쉬운 일은 아니겠지만.

그럼에도 중요한 것은 자기 자신에게 격려의 말을 건네는 것이다. 어린 시절의 나에게, 혹은 힘들어하는 지금의 나에게 '괜찮은 척 안 해도 돼, 언제나 자기 감정에 솔직해지기를 바라'와 같은 소망형의 말로 격려해주는 것이다.

✽ 서툴지만 용기 있는 고백 ✽

화실에서 히진은 그림을 그리고 있는 왕대에게 다시 한번 마음을 전했다. "저 선배 좋아해요. 진짜 많이 좋아하고 있어요."
히진의 당돌한 고백에도 왕대는 무심하게 붓질만 이어가는 듯 보였다. "저 정말 진심인데……"라는 히진의 말에 왕대는 덤덤하게 답했다. "알고 있어."

히진은 멍하니 그를 바라보았다. 그러자 왕대가 고개를 들어 말했다. "그림을 그리면서 계속 너를 보고 있으니까 알겠더라. 넌 거짓말할 때 코끝을 만지는데, 방금은 안 그랬거든."

짧은 침묵이 흐른 뒤 히진은 진지한 표정으로 물었다. "그래서 선배는요? 선배는 저 어떤데요?"

왕대의 동공이 미세하게 흔들렸다. 그는 혼란스러운 듯 목덜미를 긁적이며 결국 무심한 어조로 말했다. "미안… 난 아직 연애할 마음이 없어서."

그러나 히진은 단호했다. "거짓말. 지금 거짓말하는 거 다 알아요."

"그게 무슨……." 왕대가 당황하자 히진은 꿰뚫어 보듯 말했다. "선배가 절 보는 동안, 저는 어딜 보고 있었겠어요?"

순간 왕대는 멈칫하며 생각에 잠겼다. 이내 '아……' 하는 표정을 지으며 목덜미에서 손을 내렸다. 그리고 불편한 듯 횡설수설하기 시작했다. "어…… 그러니까. 그 마음은 정말 고마운데…… 그래도 난, 정말 괜찮은데……." 그러나 곧 결심한 듯 고개를 들었다. "아니야. 좋아해."

히진은 놀란 듯 방긋 웃으며 되물었다. "네?"

경직돼 있던 왕대의 얼굴은 짐을 내려놓은 듯 편안하게 바뀌었다. "좋아해, 나도."

히진이 장난스럽게 웃으며 다시 물었다. "에? 뭐라고요?"

> 왕대는 머쓱하게 웃으며 이젤 뒤로 숨어들었다. "아, 아니야. 그냥 못 들은 걸로 해."
> 그러다 다시 빼꼼 고개를 내민 그는 쑥스러운 얼굴을 하고 있었다. 비록 서툴고 느렸지만, 그 순간부터 왕대의 삶은 조금씩 달라지기 시작했다.

변화를 위한 용기: '난 원래 그래'를 깨고 나아가기

왕대가 히진의 고백을 받았을 때, 왕대는 익숙한 방어기제 때문에 '아직 연애할 마음이 없다'라고 말한다. '기승'까지의 왕대는 그렇게 살아왔기 때문에 방어기제에 편안함을 느끼는 것이다. 하지만 히진은 왕대가 거짓말하고 있음을 간파한다. 왕대가 자신을 보는 동안, 히진도 왕대를 보며 그의 불안한 눈빛과 행동을 읽었던 것이다.

'기승전결'이라는 인생의 흐름을 잊지 않는다면, 우리는 좌절하더라도 계속 노력하는 것이 얼마나 가치 있는 일인지 깨닫는 순간을 맞이할 수 있다. 왕대도 결국 용기를 내어 "좋아해, 나도"라고 고백한다.

성인이 되었어도 어른이 되지 못한 사람들은 과거의 애착 손상으로 인해 무의식적으로 특정 방어기제를 사용하고, 반복되는 좌절 속에서 '난 원래 그래'라는 생각에 갇히게 되는 두 가지 특징을 보인다. 하지만 과거의 상처를 인지하고, 자기 자신에게 따뜻한 격려를 보내며 노력한다면 충분히 성장하고 변화할 수 있다. 우리의 삶에는 아직 펼쳐지지 않은 '전'과 '결'이 남아 있다는 것을 기억하자.

심리 치트키 | 관계에서 반복되는 실수를 멈추는 법

1. **과거의 '애착 손상'으로 인한 방어기제 인지** 어린 시절의 애착 손상이 무의식적 방어기제를 만들어 현재 관계를 망치므로, 상처의 근원을 인지해야 한다.
2. **'난 원래 그래'라는 자기 단정 깨기** 반복되는 실수 속에서 자신을 특정 틀에 가두지 말고, 삶에는 '전(轉)과 결(結)'이 남아 있음을 기억하며 변화할 용기를 내야 한다.

나를 싫어하는 사람에게 아까운 감정을 낭비하지 마라

살다 보면 어딜 가나 꼭 한 명쯤은 이유 없이 나를 싫어하는 사람을 만나게 된다. 도대체 왜 나를 싫어하는 걸까 고민하며 상처받을 때가 많다. 이유 없이 나를 싫어하는 사람 때문에 쓸데없이 상처받지 않을 수는 없을까? 불필요한 감정 소모를 줄이고 현명하게 대처하는 두 가지 방법이 있다.

'전갈의 존재 이유'를 이해하기

우리가 인생에서 마주하는 사람들은 크게 세 가지 유형으로 나눌 수 있다. 첫째는 이유 없이 나를 좋아해주는 사람, 둘째는 좋아하지도 싫어하지도 않는 사람, 그리고 마지막은 이유 없이 나를 싫어하는 사람이다.

옛날 옛적, 강가에 생각에 잠긴 전갈 한 마리가 있었다. 그때 강을 건너려는 개구리 한 마리가 보였고, 전갈은 곧바로 개구리에게 말을 걸었다. "나는 헤엄을 칠 줄 몰라. 네가 나를 강 건너편으로 데려다줄 수 있겠니?" 개구리는 단호하게 고개를 저으며 "내가 미쳤냐? 강을 건너는 동안 네가 나한테 독침을 쏘면 어떡해?"라고 말했다.

그러자 전갈은 어이없다는 듯이 "아니, 내가 독침을 쏴서 네가 죽어버리면 나도 물에 빠져 죽는 건데, 내가 그렇게 하겠냐?"라고 답했다. 전갈의 말에 일리가 있다고 생각한 개구리는 전갈을 등에 업은 채 강을 건너기 시작했다. 그때 거센 물살에 개구리가 움찔하자 전갈은 곧바로 개구리 등에 독침을 쏘았다. 개구리는 죽어가며 "아니 도대체 왜……"라고 물었고, 전갈은 답했다. "나는 전갈이니까."

뭘 잘못한 것도 없는데 특정 사람이 나를 싫어하는 데에는 사실 별다른 이유가 없을 때가 많다. 이러한 사람들은 마치 '전갈'과 같다. 옛날이야기 속 전갈이 죽을 것을 알면서도 개구리에게 독침을 쏘는 것처럼, 어떤 사람들은 특별한 이유 없이 남을 불편하게 하거나 싫어하는 본능적인 경향을 가지고 있다. 그들은 그냥 그렇게 태어난 것이고, 그러한 성향을 바꾸기 어렵다.

따라서 이유 없이 나를 싫어하는 사람 때문에 괜히 스트레스받지 말고, 그저 그 사람이 '전갈' 같은 존재라는 사실을 인정하자. 나에게 독침을 쏘는 것은 그들의 본성일 뿐, 내가 뭔가 잘못해서가 아니라는 점을 받아들이면 불필요한 감정 소모를 줄일 수 있다.

✳ 동해일미 식당 ✳

간장게장 접시를 히진 앞으로 밀어주며 혜정이 다정하게 말했다. "오, 여기 간장게장 진짜 맛있다. 많이 먹어." 히진은 혜정의 친절함에 내심 기분이 좋아졌다. 잠시 후, 간장게장을 먹던 히진이 국물을 흘리자 벽에 걸린 휴지통 가까이 앉아 있던 예리에게 부탁했다. "저기 예리야, 나 휴지 한 장만." 예리는 아니꼽다는 표정으로 히진에게 쌀쌀맞게 휴지를 딱 한 장만 건넸다. "자, 여기." 순간 히진은 당황한 표정을 지었고, 옆에 있던 왕대가 "와, 진짜 한 장만 주는 거 멋있는데?"라며 깐족거렸다.

이어 왕대와 혜정이 예리가 추천한 식당을 칭찬하며 "여기 맛집이네!"라고 하자 예리는 뿌듯하게 웃었다. 그러자 히진이 웃으며 말했다. "정말, 이거 먹으러 동해 놀러 와야겠는데?" 예리는 갑자기 어색하고 미지근한 표정으로 대답했다. "에이, 뭘 그렇게까지."

그때 왕대가 장난스럽게 "이따 다 같이 겨울 바다 입수?"라고 하자 혜정이 "뭐래, 너 혼자 해"라며 받아쳤고, 예리는 "오, 좋은데? 나랑 혜정이는 응원해줄게"라며 웃었다.

히진은 그런 예리를 잠시 빤히 바라보다가 시선을 내리며 나직하게 말했다. "그냥 전갈이지 뭐." 놀란 예리가 히진을 쳐다봤지만, 왕대는 "뭐야? 간장게장에서 전갈 나왔어?"라고 엉뚱한 소리를 한다.

'기억의 선택 작용' 이해하기

이 세상에 왜 굳이 나에게 상처를 주는 사람들이 존재하는 걸까? 물론 전갈처럼 본능적으로 나를 싫어하는 사람이 있다는 건 인정한다. 하지만 때로는 너무하다는 생각이 들 때가 있다. 우리는 항상 친절해지려고 노력하고 타인을 배려하는데, 상대방은 왜 대놓고 나를 못살게 구는 것처럼 보일까?

이러한 상황이 발생하는 이유는 바로 우리가 모두 일인칭 시점으로 살아가기 때문이다. 인간은 자신이 타인에게 베푼 선행은 너무나도 잘 기억한다. 그래서 '비록 내가 완벽한 인간은 아니지만 나름 착한 사람'이라는 자아상을 만든다. 하지만 동시에 타인에 대해서는 나쁜 면을 더 많이 떠올려 인상을 형성한다. 그러니 타인은 '나쁜 사람'이 되기 쉽다.

캘리포니아 주립대학의 데이비드 메식David M. Messick 교수팀은 흥미로운 실험을 진행했다. 참가자들에게 내가 타인에게 베푼 선행, 내가 타인에게 저지른 악행, 타인이 내게 베푼 선행, 타인이 내게 저지른 악행을 적도록 했다. 그 결과 사람들은 자신의 선행은 4.2개나 떠올렸지만, 타인의 선행은 2.9개밖에 떠올리지 못했다. 반대로 자신의 악행은 2.73개뿐이었지만, 타인의 악행은 4.28개나 떠올렸다. 우리는 생각보다 나에게는 관대하고, 타인에게는 엄격하게 살아왔던 것이다.

따라서 내가 타인에게 준 친절은 선명하게 기억되지만, 내가 타인에게 준 상처는 쉽게 눈치채지 못하며, 어쩌면 의도적으로 눈치채지 않으려 하며 살아가는 경향이 있다.

✻ 숙소로 가는 차 안 ✻

식당에서 밥을 다 먹고 나온 친구들. 왕대가 말했다. "숙소까지는 내가 운전할게. 오늘 계속 히진이가 운전했으니까." 괜히 눈치를 보던 히진은 조수석에 앉았고, 뒷좌석에서는 혜정과 예리가 자신들끼리 떠들기 시작했다. 룸미러로 흘깃 보니 예리도 곁눈질하다가 히진과 눈이 마주쳤다. 뒷좌석에서는 조용한 수군거림이 이어졌다. "아니 그러니까 갑자기 표정이 싹 굳더라고." "아 진짜? 왜 그런데 걔는?" "몰라, 완전 어이없어."

히진도 이야기에 끼고 싶은 마음에 애써 웃으며 물었다. "얘들아, 호두과자 먹을래?" 혜정은 해맑게 "오? 나 먹을래"라고 했지만, 예리는 못마땅한 표정으로 "나는 됐어"라며 거절했다.

그때 왕대가 히진에게 조용히 말했다. "저기 히진아, 우리 이따 같이 바다에 입수하지 않을래? 낭만 있잖아." 히진은 귀찮은 듯 대꾸했다. "아, 제발 쓸데없는 소리 좀 하지 말고 운전이나 해." 왕대는 아무렇지 않은 척 "오, 그럴까?" 하고 넘겼지만, 순간 쓸쓸하게 굳은 표정으로 중얼거렸다. "하여튼 전갈 같아……."

현명한 대처를 위한 이해

이유 없이 나를 싫어하는 사람 때문에 상처받지 않으려면 두 가지를 기억해야 한다. 첫째, 그 사람이 그저 전갈과 같은 존재라는 사실. 그들의 행동은 당신 때문이 아니라 그들의 본성에서 비롯된 것일 수 있다. 둘째, 우리 모두가 일인칭 시점으로 살아가며 자신에게는 관대하고 타인에게는 엄격하다는 것. '내가 생각하는 나'와 '타인이 생각하는 나'는 다를 수 있다. 내가 인지하지 못한 나의 부정적인 면이 있을 수도 있다는 점을 열린 마음으로 받아들여야 한다.

> 심리 치트키 **나를 싫어하는 사람에게 현명하게 대처하는 방법**

1. **'전갈의 존재 이유'를 이해하기** 이유 없이 나를 싫어하는 것은 그들의 본성(전갈)일 뿐, 내가 잘못해서가 아니라는 점을 인정하고 불필요한 감정 소모를 멈춘다.
2. **'기억의 선택 작용'을 이해하고 수용하기** 인간은 자신에게 관대해 자신의 악행을 쉽게 인지하지 못함을 알고, 타인의 시선과 나의 부정적인 면을 열린 마음으로 받아들인다.

평범해도 사람을 끌어당기는
내면의 힘

첫 만남부터 왠지 모르게 끌리고, 자꾸만 더 알고 싶어지는 사람들이 있다. 평범해 보여도 유독 매력적으로 느껴지는 이들은 자신의 감정을 깊이 이해하고, 나아가 타인의 감정까지 배려할 줄 아는 사람들이다. 이들이 가진 진정한 매력은 외모나 조건을 뛰어넘어, 타인을 대하는 태도와 방식에서 빛을 발한다. 관계를 풍요롭게 만드는 감정의 힘에 대해 자세히 알아보자.

✳ 파인 다이닝 주방 ✳

파인 다이닝 주방에서 일을 시작한 히진은 열심히 설거지를 하고 있었다. 메인 셰프 경헌은 디너 서비스 전 식재료 확인을 당부했지만, 외모가 준수한 시우와 남필은 능글맞게 대답만 하고는 담배를 피우러 나갔다. 히진은 속으로 '여긴 다들 얼굴 보고 뽑았나?' 하고 생각했지만, 곧 창고형 냉장고에서 소스 통을 들고나오는 왕대를 보고 깨달았다. '아니구나.'

시간이 흐르며 설거지 더미는 점점 쌓였고, 히진은 누가 봐도 애처로울 만큼 지쳐 보였다. '누가 한 명만 같이 해줘도 금방 끝날 것 같은데…….' 히진은 누군가의 도움이 간절해졌다. 잠시 후 담배를 피우고 돌아온 시우와 남필은 히진을 측은하게 바라보며 물었다. "오늘 첫날인데 너무 힘들죠? 아, 혹시 제가 좀 도와드릴까요?" 히진이 당황해 "아…… 아뇨, 괜찮습니다"라며 손사래를 치자 남필이 덧붙였다. "뭐, 아직 시간 있으니까 저희가 좀 해드릴게요." 히진은 어색하게 미소 지으며 말했다. "아…… 괜찮아요. 정말로."

잠시 뒤, 힘겹게 설거지를 하고 있는 히진을 본 왕대가 지나가다 당연하다는 듯 말했다. "어? 같이 해요." 히진이 "정말 괜찮은데……"라며 사양했지만, 왕대는 개의치 않았다. "에이, 둘이 하면 금방 해요. 그리고 쉴 땐 좀 쉬어야 이따 접시 안 밀리고 잘 빼죠." 그렇게 그는 곧장 설거지를 거들기 시작했다.

'도와주지 않는 도움'을 주는 사람

혼자 해결하기 벅찬 문제에 직면했을 때 누군가의 도움은 간절하다. 하지만 막상 도움을 받는다는 것이 그리 유쾌한 일은 아닐 수 있다. 남에게 도움을 주는 상황에서 우리가 마주할 수 있는 감정은 생각보다 복잡하다. 괜히 빚지는 것 같아 부담스럽거나, 상대가 못 본 척할 수 없어서 억지로 도와주는 것 같아 미안하거나, 혹은 내 능력이 부족해서 도움받는 것 같아 자존심 상할 수도 있기 때문이다.

도움을 받는 사람은 자칫하면 자신의 무능력이 드러나는 것 같아 위축될 수 있고, 도움을 주려는 사람은 상대가 내 도움을 거절할까 봐, 혹은 내 도움이 부담으로 느껴질까 봐 불안해할 수 있다. 특히 상대방이 마지못해 도와주는 것처럼 보이면 이러한 감정은 더욱 커진다. 도움은 그 자체만으로도 아름답지만, 상대방의 감정을 배려하는 방식으로 전달될 때 더욱 큰 의미를 가진다. 작은 배려가 상대방에게는 큰 위로와 힘이 될 수 있다.

타인에게 도움을 줄 때는 '내가 해줄게요'나 '도와줄까요?'와 같은 말보다는 '같이 해요' 혹은 '같이 할까요?'처럼 제안하는 것이 좋다. 이런 표현은 무의식중에 '내가 당신의 짐을 덜어주겠다'가 아니라 '그 짐을 함께 해결하자'라는 인상을 준다. 도움받는 입장에서도 훨씬 덜 부담스럽고, 덜 자존심 상하며, 상대가 생색내는 느낌도 없기 때문에 고마운 감정까지 훨씬 더 크게 느껴진다. 도움이 필요한 상대에게 손을 내미는 것만큼 상대의 호감을 얻는 강력한 방법은 없다. '도와주지 않는 도움'은 상대에게 심리적 부담을 주지 않으면서 진심으로 함께 문제를 해결하려는 태도를 보여주어 매력을 느끼게 한다.

✻ 직원들의 식사 시간 ✻

히진이 조금씩 주방 막내 생활에 익숙해져가던 어느 날, 직원들이 테이블에 모여 식판으로 점심을 먹고 있었다. 조리복을 입은 남필, 시우, 왕대가 한쪽에 앉아 있었고, 맞은편에는 웨이터 유니폼을 입은 혜정과 앞단이 더러워진 조리복 차림의 히진이 함께 식사하고 있었다.
시우가 짓궂은 말투로 물었다. "근데 막내야, 네가 보기엔 여기서 누가 제일 잘생긴 것 같아?" 갑작스러운 질문에 히진은 당황했다. 혜정이 "뭐래? 너는 뭘 그런 걸 물어보냐?"라고 핀잔을 주었지만, 시우는 끈질기게 다시 물었다. "아 왜, 그냥 궁금하잖아. 진짜 딱 얼굴만 봤을 때 누가 제일 잘생긴 것 같아?" 난처한 표정을 짓던 히진 옆에서 혜정이 거들었다. "근데 고르기가 뭔가 쉬우면서도 어렵네." 그러자 평소 열등감이 많던 왕대가 괜히 피해의식에 휩싸여 따졌다. "그게 무슨 뜻이야? 아니, 쉬우면서 어렵다는 게 뭐가 쉽고 뭐가 어렵다는 건데?" 순간 분위기가 싸늘해졌. 혜정은 머쓱하게 웃으며 "아니, 그런 뜻은 아니었는데……"라고 해명했다.

시우가 서둘러 왕대를 진정시키고는 다시 히진에게 재촉했다. "그니까 그래서 누가 가장 잘생긴 거 같은데?" 히진은 난감한 표정으로 물었다. "저 진짜 골라요?" 시우가 웃으며 대답했다. "응, 우리 뒤끝 없으니까 솔직하게 말해봐!" 결국 히진은 손날로 남필, 시우, 왕대를 차례로 가리키며 괜히 미안한 듯 순위를 정했다. 그러자 왕대의 얼굴이 붉으락푸르락해지며 따졌다. "뭐? 정말 내가 꼴등이라고? 이거 뭔가 좀 이상한데?"

'꼬이지 않은' 마음을 가진 사람

겉보기엔 평범해 보여도 알면 알수록 특별하고 매력적인 사람은 어떤 사람일까? 바로 '꼬이지 않은' 사람이다. 생각이 꼬이지 않은 사람은 자신의 열등성(객관적으로 열등한 성질)과 열등감(주관적인 감정)을 명확하게 구분할 수 있다. 예를 들면 왜소한 체격이 열등성이 될 수 있지만, 그것 때문에 느끼는 마음이 열등감이다. 물론 열등감을 없애는 가장 근본적인 방법은 자신의 열등성을 개선하는 것이다. 예를 들어 운동으로 근육을 증량하는 것처럼 말이다.

하지만 수저, 재능, 키 등과 같이 현실적으로 개선하기 힘든 열등성도 존재한다. 이런 식의 열등성에서 너무 심한 열등감을 느껴버리면, 그 열등감은 '열등 콤플렉스'로 발전하여 '내 주제에……' 혹은 '날 무시한 건가?' 같은 생각에 사로잡히게 된다. 사람이 통째로 열등감에 잡아먹혀서 매사에 꼬일 대로 꼬인 사람이 되고 만다.

남의 성공을 보거나 자신의 한계를 마주할 때, 우리는 다양한 감정에 휩싸이곤 한다. 단순히 부러워하는 것을 넘어, 상대의 성공이 못마땅하게 느껴져 질투심으로 이어지기도 한다. 이러한 감정은 자신을 더욱 초라하게 만들고 불필요한 에너지를 낭비하게 한다.

자신의 부족함을 마주할 때, 열등감과 무력감에 빠지기 쉽다. '나는 노력해도 안 돼'라는 생각에 사로잡히면 의욕을 잃고 새로운 시도조차 주저하게 된다. 열등감이 심해지면 자신을 보호하기 위해 공격적이거나 방어적인 태도를 보이기도 한다. 남들이 자신을 무시한다고 여겨 사소한 말에도 쉽게 분노하거나, 먼저 상대방에게 상처 주는 말을 내뱉는 것도 모두 열등감을 감추려는 무의식적인 행동이다.

이런 감정에 압도당할 때, 잠시 멈춰 서서 스스로에게 물어보아야 한다. '왜 이런 감정이 들까? 왜 남의 말 한마디에 이렇게 화가 날까?' 감정의 뿌리가 과거의 상처나 열등감 때문임을 인지하면, 그 감정에 무작정 휘둘리지 않고 더 성숙하게 대처할 수 있다. 나의 감정을 인정하고 다루는 법을 배우는 것, 그것이 바로 '꼬이지 않은' 마음을 갖기 위한 가장 중요한 첫걸음이다.

> ### ✳ 왕대의 빛나는 순간 ✳
>
> "그럼 외모, 성격 다 포함해서 만약 지구상에 남자가 딱 이 세 명만 남았다면, 그땐 누굴 고를 거 같아?" 시우가 장난스럽게 묻자, 히진은 잠시 고민하더니 시우를 가리키며 씩 웃었다. "일단 3등이십니다." 그리고 1등을 정해야 하는 순간, 히진은 왕대와 남필

> 을 번갈아 바라보았다. 그때 히진의 머릿속에는 주방에서 설거지를 도와주던 왕대의 모습이 스쳐 지나갔고, 괜스레 볼이 붉어졌다.

스스로를 이해하고 타인과 조화를 이루는 법

각자의 빛나는 방식은 저마다 다르다. 생각이 꼬이지 않은 사람은 외모나 타고난 조건과 같은 고정된 열등성에 매몰되지 않고, 노력으로 개선 가능한 부분에서 자신의 가치를 높인다. 히진이 왕대에게 매력을 느낀 것은 그의 외모가 아닌, 묵묵히 자신의 일을 해내며 열정을 쏟는 모습, 즉 자신의 열등성을 인정하면서도 다른 면에서 최선을 다하는 태도 때문이었을 것이다.

평범해도 유독 매력적인 사람들은 타인에게 심리적 부담을 주지 않으면서 진심으로 함께 문제를 해결하려는 '도와주지 않는 도움'을 줄 줄 알고, 자신의 약점을 깔끔하게 인정하되 그것 때문에 자신 전체를 평가절하하지 않고 발전 가능한 부분에 집중하는 '꼬이지 않은' 마음을 가지고 있다.

자신의 불완전함과 한계를 있는 그대로 수용할 수 있는 용기를 가진 사람은, 타인의 약점 또한 너그럽게 받아들일 수 있는 심리적 여유를 갖게 된다. 자신을 자책하거나 비난하는 것을 멈출 수 있어야 타인을 향한 날 선 비판도 멈출 수 있기 때문이다.

> **심리 치트키 사람을 끌어당기는 내면의 힘**
>
> 1. **'도와주지 않는 도움'을 주는 사람** 도움을 줄 때 상대의 자존심이나 심리적 부담을 배려하여 '같이 해요'라고 제안함으로써, 진정한 공감과 협력의 태도를 전달한다.
> 2. **'꼬이지 않은' 마음을 가진 사람** 자신의 열등성(약점)을 깔끔하게 인정하되 열등감에 사로잡혀 매사에 꼬이지 않고, 노력으로 개선 가능한 부분에 집중한다.

후회 없는 대화를 만드는
3가지 기술

때로는 하고 싶은 말이 있어도 망설이다가 결국 제대로 표현하지 못하고 후회하는 순간이 있다. 자기 전에 '아, 그때 이렇게 말했어야 했는데……' 하고 이불 킥을 하는 순간들 말이다. 더 이상 우물쭈물하지 않고 할 말을 명확하게 전달하는 세 가지 방법을 알아보자.

무엇을 어떻게 말해야 할지 모른다

할 말을 제대로 못 하고 답답하게 우물쭈물하는 사람들의 가장 큰 특징은, 정작 본인이 무엇을, 어떻게 말해야 하는지 정확히 모른다는 점이다. 내가 무엇을 말하고 싶은지 명확하지 않으면 상대방도 제대로 알아들을 수 없을 것이다. 그래서 우리는 WHW^{What, How, Why} 자문자답을 통해 스스로에게 질문하고, 할 말을 깔끔하게 정리해서 상대방에게 명확하게 전달해야 한다.

먼저 '무엇^{What}'을 말하고 싶은지, 핵심 메시지가 무엇인지 생각해야 한다. 다음으로 상대방이 '어떻게^{How}' 해주기를 바라는지 구체적인 행동이나 태도를 떠올린다. 마지막으로 내가 왜 그런 생각을 하고 그런 행동을 바라는지 '왜^{Why} 이유를 명확히 한다. 이 세 가지 질문에 스스로 답하고 순서대로 이야기하면, 복잡했던 감정과 생각이 깔끔하게 정리되어 상대방에게 훨씬 효과적으로 전달될 수 있다.

✶ 히진의 속마음 ✶

낡은 선풍기가 돌아가는 왕대의 자취방. 히진은 조심스럽게 말을 꺼냈다. "오빠가 친절한 건 좋은데, 다른 사람한테도 너무 친절하면 괜히 오해 살 수도 있고 좀 그렇잖아." 왕대는 답답하다는 듯 대꾸했다.

"친절하면 좋지, 무슨 오해를 한다고 그래?"

히진의 속마음은 이랬다. 오빠가 나 말고 다른 여자한테까지 친절한 게 거슬린다 (WHAT: 광범위한 친절함). 그래서 그녀는 괜한 오해를 사지 말고 나한테만 잘해줬으면 좋겠다 (HOW: 자제 부탁)고 바랐다. 그 이유는 다른 여자들이 오빠가 자기한테 관심 있다고 착각하는 게 싫었기 때문 (WHY: 오해에 대한 거부감)이었다.

WHW를 정리한 히진은 결국 명확하게 자신의 마음을 전했다.

"나는 오빠가 다른 여자들한테도 너무 친절한 게 좀 신경 쓰여WHAT. 그러니까 자제 좀 해줬으면 좋겠어HOW. 왜냐하면 그러다 보면 상대방은 오빠가 자기를 좋아한다고 괜히 착각할 수도 있거든. 나는 그게 싫단 말이야WHY."

'주관적 판단'으로 격해지는 감정

가까운 누군가에게 불만을 이야기할 때, 그 이야기가 더 큰 싸움으로 번지는 경우가 많다. '주관적인 판단'으로 상대방에게 불만을 전달하기 때문이다.

상대방에게 불만을 이야기할 때, "너는 항상 그래, 너는 날 무시해"처럼 자신의 주관적인 판단을 앞세우면 상대방은 이를 비난으로 받아들이기 쉽다. 그러면 오해는 커지고 감정적인 싸움으로 번지기 마련이다.

대신 '객관적인 사건'을 바탕으로 불만을 이야기해야 한다. 구체적인 사실을 언급하며 감정을 불필요하게 격화시키지 않고 객관적인 사건을 기반으로 이야기할 때 비로소 상대방은 자신의 행동을 돌아보고 오해를 풀 기회를 얻을 수 있다.

✳ 선풍기 논쟁 ✳

히진은 왕대에게 불만을 털어놓았다. "요즘 들어 오빠가 항상 날 무시하잖아." 왕대는 납득하지 못한 듯 반문했다. "내가 언제 널 항상 무시해?" 히진이 다시 말했다. "항상 무시했잖아." 왕대도 지지 않고 맞섰다. "넌 내가 얼마나 노력하고 있는지엔 전혀 관심 없지?" 이렇게 대화가 이어지자 감정의 골은 깊어질 수밖에 없었다. 히진이 '항상 무시당한다'고 느낄 수는 있지만, 실제로 왕대가 '항상' 무시한 것은 아닐 수도 있다. 같은 상황에서도 사람은 각자 다르게 경험하고 다르게 받아들이기 때문이다.

히진은 다시 예를 들었다. 낡은 선풍기를 가리키며 말했다. "이 선풍기 고정 안 된다고 내가 몇 번이나 고쳐달라고 했어? 근데 계속 무시하고 있잖아." 왕대는 그제야 약간 수긍하는 표정을 지었다. "널 무시하려고 그런 게 아니고, 그 선풍기 작년 여름에도 억

> 지로 고쳐 쓴 거야. 아마 이제는 더 이상 못 고칠 것 같아."

말끝을 흐리고 길게 늘어놓는 습관

정말 사람 속 터지게 하는 말버릇 중 하나는 바로 말끝을 흐리며 굳이 할 필요 없는 얘기를 길게 늘어놓는 것이다. 특히 중요한 말을 해야 할 때 이런 습관은 더욱 치명적이다.

무언가 하고 싶은 말, 특히 꼭 해야만 하는 중요한 말이 있다면 말끝을 흐리지 않고 짧고 명확하게 말하는 것이 더 많은 의미를 담을 수 있다. 장황하게 늘어놓는 말은 핵심을 흐리고 상대방을 혼란스럽게 만들 뿐이다.

관계 또한 의미 없이 길어지기 전에 끝을 흐리지 않고 제때에 마침표가 찍혔을 때 오히려 더 풍성한 이야기가 완성될 수 있다. 감정을 표현할 때도 마찬가지이다. 주저하지 않고 핵심을 정확히 전달하는 것은 자신의 감정에 대한 확신을 보여주고, 상대방에게도 불필요한 오해나 혼란을 줄여준다.

✷ 왕대의 망설임 ✷

히진은 왕대에게 선풍기가 정말 더 이상 고칠 수 없는지 물었다. 왕대는 "아마도…… 그래도 노력은 해볼게"라며 말끝을 흐렸. 히진은 무언가를 직감한 듯 "아니야. 그냥 솔직하게 말해줘. 지금 나한테 하고 싶은 말 있는 거 맞지?"라고 다그쳤다. 정적이 흘렀고, 낡은 선풍기 돌아가는 소리만 들렸다.

왕대는 망설이며 말을 길게 늘어놓기 시작했다. "사실 우리 만난 지 정말 오래됐잖아. 결혼한 사이도 아닌데 결혼한 것처럼 맨날 붙어 있었고. 서로 많이 노력하긴 했는데……."

히진은 다시 한번 단호하게 말했다. "그냥 솔직하게 말해봐. 네가 하고 싶은 말, 그거 아니잖아."

왕대는 마침내 결심한 듯 짧고 명확하게 말했다. "나 아무래도 더 이상 널 사랑하지 않는 것 같아."

히진은 가만히 고개를 숙였고, 왕대는 약간 당황했다. 선풍기 돌아가는 소리만이 정적을 메웠다.

잠시 후, 히진은 고개를 들고 눈물 맺힌 미소를 지으며 말했다. "그렇게 말해줘서…… 정말 고마워."

왕대도 나지막이 답했다. "나도 고마워…… 항상."

선풍기가 딸깍 소리와 함께 꺼졌다.

할 말을 제대로 못 하는 습관을 고치고 건강하게 감정을 표현하려면, 첫째, WHW 자문자답을 통해 자신이 무엇을 어떻게 말하고 싶은지 명확히 정리해야 한다. 둘째, 상대방에 대한 '주관적 판단' 대신 '객관적인 사건'을 바탕으로 이야기하여 오해를 줄여야 한다. 셋째, 말끝을 흐리지 않고 짧고 명확한 문장으로 핵심을 전달하는 연습을 해야 한다. 이런 노력을 통해 우리는 더 이상 후회하지 않고, 자신감을 가지고 자신의 감정을 건강하게 표현할 수 있을 것이다.

심리 치트키) 후회 없는 대화를 만드는 3가지 기술

1. **WHW What, How, Why 자문자답으로 정리** '무엇을, 어떻게 해 달라고, 왜 바라는지' 스스로 정리한 후 명확히 전달하여 우물쭈물하지 않고 핵심 메시지를 효과적으로 표현한다.
2. **'주관적 판단' 대신 '객관적 사건' 언급** "너는 항상 그래" 같은 주관적인 비난 대신 구체적인 사실(객관적 사건)을 바탕으로 이야기해야 감정적인 싸움을 피하고 오해를 줄일 수 있다.
3. **말끝을 흐리지 않고 명확하게 전달** 중요한 말일수록 장황하게 늘어놓거나 말끝을 흐리지 않고, 짧고 명확한 문장으로 핵심을 전달해야 후회 없는 대화를 만들 수 있다.

억울하게 욕먹지 않고
진심을 전하는 법

좋은 의도로 한 행동인데 상대방은 오히려 기분 나빠하는 경험을 해본 적이 있을 것이다. 열심히 노력했지만 오히려 미움을 받거나 욕을 먹는다면 억울하고 답답할 수 있다. 논리적으로 보면 분명 내가 피해자인데, 상대방은 왜 내 마음을 몰라주는 걸까? 문제는 바로 내가 선의라고 믿었던 행동이 상대방에게는 다르게 느껴졌기 때문이다. 진짜 선한 의도로 도와주었음에도 오히려 관계가 어긋나는 데에는 두 가지 심리적 원인이 있다.

✳ 삼겹살 반 근과 변해버린 왕대 ✳

여름휴가 복장으로 정육점에 간 왕대와 히진. 히진이 "사장님 저희 삼겹살 반 근만 주세요"라고 하자, 사장님은 "네 금방 준비해드릴게요! 정말 선남선녀 커플이시네요"라며 매우 친절하게 응대했다. 휴가로 설레던 두 사람의 표정이 한층 더 밝아졌다.

사장님이 삼겹살을 썰어 저울에 올렸는데 335g이 나왔다. 그러더니 고기를 훅 떼어내어 312g에 맞추고 "조금 넉넉하게 드렸어요"라고 말했다. 두 사람의 밝은 표정이 살짝 어두워졌다. 고작 삼겹살 몇 그램 때문에 엄청난 상실감을 느낀 것도 아니고, 정량보다 더 준 것은 맞지만, 그럼에도 미묘하게 기분이 덜 좋아지는 건 어쩔 수 없었다.

저녁 바비큐장. 히진이 고기를 굽고 있는데 왕대는 자기 입에 고기 쌈을 넣어 맛있게 먹고 있다. "육즙이 많고 너무 맛있는데?" 옆에서 그 모습을 보던 히진은 떨떠름한 표정을 지었다. 연애 초반에는 다 익은 삼겹살을 히진의 앞접시에 놓아주며 다정하게 챙기던 왕대였는데, 지금은 혼자만 고기를 먹고 있었다. 히진은 속으로 '변했어……'라고 생각했다.

애런슨 효과: '줬다 뺏는 기분'을 주는 사람

분명 나한테 잘해주기는 하는데, 뭔가 찜찜한 기분이 드는 사람이 있다. 이러한 사람들의 특징은 바로 무의식중에 상대방에게 '줬다 뺏는 기분', 즉 상실감을 준다는 것이다. 아주 사소한 것이라도, 우리는 상대가 나에게 상실감을 주는지 아니면 의외의 기쁨을 주는지 무의식적으로 느끼고 반응한다.

심리학자 엘리엇 애런슨Elliot Aronson의 심리 실험에 따르면 사람들은 네 가지 상황 중 처음에는 부정적인 평가를 받다가 나중에 긍정적인 평가를 주는 사람, 즉 '의외의 기쁨'을 주는 사람에게 가장 큰 호감을 느꼈다(호감도 7.67점). 반대로 처음에는 긍정적인 평가를 받다가 나중에 부정적인 감정을 안겨주는 사람, 즉 '줬다 뺏는 상실감'을 주는 사람을 가장 싫어했다(호감도 0.87점).

이처럼 초반에 너무 잘해주거나 과하게 친절했다가 나중에 그 기대에 못 미치게 되면, 상대방은 줬다 뺏기는 상실감을 느끼게 된다. 그러니 끝까지 잘해줄 게 아니라면 초반에 너무 오버하지 않는 것도 좋은 방법이다. 일관된 친절함이나 예상치 못한 작은 기쁨을 주는 것이, 처음에는 거창하게 시작했다가 나중에 줄어드는 것보다 훨씬 좋은 인상을 줄 수 있다.

✻ 숯불 논쟁과 관계의 어긋남 ✻

바비큐장에서 고기만 먹는 왕대와 불만스러운 표정의 히진. 옆 테이블에서는 시우가 숯에 불을 붙이려고 토치를 들고 땀을 뻘뻘 흘리고 있었다. 혜정의 얼굴에도 숯가루가 묻어 있었다. 불이 잘 붙지 않자 혜정은 핸드폰으로 검색하다가 왕대 테이블을 보며 좋은 아이디어를 떠올렸다. 혜정은 불쑥 다가와 왕대에게 부탁했다. "저기 죄송한데요, 저희 숯에 불이 안 붙어서 그러는데 혹시 한 번만 도와주실 수 있을까요?"

왕대가 불을 붙이는 동안 시우는 어정쩡하게 서 있었고, 혜정은 해맑게 말했다. "정말 다행이다. 자기야, 이제 밥 먹을 수 있겠다, 그치?" 시우는 어두운 표정으로 "그래, 다행이다"라고 답하며 말없이 고기만 먹었다.

그런 시우를 보니 혜정은 억울하고 짜증이 났다. '뭐야, 설마 삐친 거야?'라고 생각한 혜정은 시우에게 따졌다. "아까 숯불 때문에 지금까지 꽁해 있는 거야? 나는 자기가 고생하니까 그런 건데. 남자가 속 좁게 그런 걸로 삐치냐? 진짜 유별나다, 유별나."

허위 합의 효과: '내 생각만 맞다'고 착각하는 사람

내 생각에는 분명 상대방을 위한 행동이었는데, 오히려 그 행동 때문에 욕을 먹은 적이 있을 것이다. 나는 분명 좋은 뜻으로 한 행동인데 상대방이 왜 기분 나빠 하는지 도통 이해되지 않는다.

나는 상대방이 너무 고생하는 것 같아 선의로 도움을 요청했지만, 정작 상대방은 기분 나쁠 수 있다. 이런 일이 생기는 이유는 바로 '허위 합의 효과 False consensus effect' 때문이다. 인간은 '나의 생각이 보편적인 생각이며, 다른 사람도 다 나처럼 생각할 것'이라고 착각하는 존재다. 그렇기 때문에 나와 생각이 다른 상대를 유별난 사람이라고 쉽게 단정 지어 버린다.

물론 인간은 대체로 비슷한 본능과 심리를 가지고 있다. 하지만 그렇다고 해서 타인과 내가 생각, 취향, 신념, 가치관까지 모두 다 비슷할 것이라는 착각은 매우 위험하다.

대부분 관계의 어긋남은 타인과 내가 중요하게 생각하는 기준점이 서로 다르다는 사실을 인지하지 못할 때 일어난다. 나와 다른 생각을 하는 사람을 이해하려 노력하기보다는, 상대를 유별난 사람이나 괴짜 취급하는 것이 훨씬 편하게 느껴지기 때문이다. 서로가 서로를 별종 취급하게 되면서 관계는 멀어지고, 아무리 잘해주려고 노력해도 오해와 미움만 쌓이게 된다.

나의 선의가 상대에게도 선의로 느껴지려면 상대방이 무엇을 중요하게 생각하고, 무엇을 고통스럽게 여기는지 먼저 파악해야 한다.

나를 괴롭히는 기준점과 타인을 힘들게 하는 기준점은 서로 다르다는 것을 인정해야 한다. 내가 아닌 상대방의 기준에서 나의 행동을 바라보는 노력이 필요하다. 상대의 의사를 확인하는 작은 행동 하나가 나의 진심을 왜곡 없이 전달하고, 억울하게 미움을 사는 불상사를 막아줄 수 있다. 진심은 통하지만, 그 진심이 상대방의 마음에 닿기 위해서는 상대방의 언어와 방식으로 표현되어야 한다.

잘해주고도 미움받는 상황을 피하려면, 첫째, 애런슨 효과를 기억하여 상대방에게 '줬다 뺏는 기분'을 주지 않도록 일관성을 유지해야 한다. 초반에 과하게 잘해주기보다는 꾸준하고 진정성 있는 모습을 보여주는 것이다. 둘째, 허위 합의 효과를 인지하여 내 생각만이 옳다는 착각에서 벗어나 상대방의 관점과 가치관을 이해하려 노력해야 한다. 이러한 노력을 통해 우리는 진심으로 잘해주고도 미움받는 억울한 상황을 피할 수 있다.

> 💡 심리 치트키 **억울하게 욕먹지 않고 진심을 전하는 법**
>
> 1. **'애런슨 효과' 방지, 일관성 유지** 초반에 과도하게 잘해주다가 줄이는 '줬다 뺏는 기분(상실감)'을 주지 않도록, 처음부터 일관되고 꾸준한 친절함을 보여야 한다.
> 2. **'허위 합의 효과' 경계, 상대 관점 이해** '내 생각이 보편적'이라는 착각(허위 합의 효과)에서 벗어나, 선의의 행동도 상대방의 기준과 관점에서는 다르게 느껴질 수 있음을 인지한다.

그 사람은 왜
어느새 멀어졌을까?

너무나 좋아했고 가까웠던 누군가에게 어느 순간 정이 뚝 떨어진 적이 있을 것이다. 아니면 반대로 누군가에게 그런 일을 당했던 경험이라도. 대부분의 인간관계는 감정에 따라 멀어지거나 가까워진다. 딱히 큰 잘못을 한 것은 아니지만 어느 순간 정이 떨어지는 사람에게는 두 가지 특징이 있다.

투사 심리: 내 생각이 곧 남의 생각이라는 착각

인간은 누구나 일인칭 시점으로 살아간다. 그렇기에 남

들도 다 나처럼 생각할 거라고 착각하며 살아가는 경향이 있다.

내 눈에 별로라고 생각하기에 남들도 다 나처럼 느낄 거라 생각하지만, 실제로 남들은 전혀 그렇게 생각하지 않는 경우가 많다. 그렇기 때문에 스스로가 별로라고 생각한다고 해서 남들도 다 나와 같을 거라 단정 짓고 괜히 주눅 들 필요는 없다. 이는 '투사 심리'의 한 예로, 자신의 생각이나 감정을 타인도 똑같이 느끼리라고 착각하는 현상이다.

내 기준에서는 정말 좋다고 생각하는 것도 상대방 입장에서도 무조건 좋을 거란 보장이 없다. 같은 공간에서 같은 경험을 하더라도, 각자의 상황과 입장, 그리고 성향이 모두 다르기 때문이다. 이렇게 남들도 나와 같을 거라는 착각을 깨지 못한 채 살아가면, 우리는 소중한 사람의 진정한 고충을 미처 볼 수 없게 된다. 내 기준에서는 그저 좋은 추억이었을 테니 말이다. 이처럼 자신의 관점만을 고수하는 투사 심리는 타인과의 관계에서 오해와 서운함을 쌓이게 하여 결국 정이 떨어지는 원인이 될 수 있다.

순진한 냉소주의: 나만 희생한다는 오해

 오래된 관계가 왜 이리도 쉽게 틀어지는 걸까? 물론 다양한 이유가 있겠지만, 상당수의 경우에는 '순진한 냉소주의' 때문이다. 어떤 관계를 유지하는 데 있어서 언제나 상대방보다 내가 훨씬 더 많은 노력과 희생을 한다고 착각하는 인간의 본성이다.

 우리는 모두 일인칭 시점으로 살아가기에 내가 겪는 고충과 희생은 너무나도 생생하게 와닿는다. 하지만 동시에 내가 상대방에게 노력하고 희생했던 것만큼, 상대방도 나에게 부단히 노력하고 희생해왔다는 사실은 쉽게 깨닫지 못한다. 이러한 순진한 냉소주의 때문에 관계에 균열이 생기는 경우가 많다.

 우리는 자신이 상대방에게 노력하고 희생했던 것만큼, 상대방도 자신에게 노력하고 희생해왔다는 것을 쉽사리 깨닫지 못하고 살아간다. 그리고 언젠가 이 사실을 깨닫게 될 때가 온다. 하지만 그때는 이미 시간이 우리를 기다려주지 않았다는 사실도 함께 깨닫게 될 가능성이 높다. 나와 다른 생각을 가진 사람을 이해하려 노력하기보다는, 상대를 유별난 사람 취급하는 것이 훨씬 편하게 느껴지기 때문에 서로가 서로를 별종 취급하며 관계가 어긋나는 것이다.

나도 모르는 사이에 정떨어지는 사람이 되는 상황을 피하려면, 첫째, 투사 심리를 경계하여 내 생각이 곧 남의 생각이라는 착각에서 벗어나야 한다. 상대방의 입장과 성향을 이해하고 존중하려고 노력해야 한다. 둘째, 순진한 냉소주의를 인지하여 나만 희생하고 있다는 오해에서 벗어나야 한다. 상대방 또한 관계를 위해 노력하고 있음을 인정하고, 서로의 노력을 이해하려 할 때에야 비로소 건강하고 오래가는 관계를 유지할 수 있다.

🧠 심리 치트키 관계가 멀어지게 하는 특징

1. **투사 심리: 내 생각이 곧 남의 생각이라는 착각** 내 주관적인 생각이나 감정을 타인도 똑같이 느낄 것이라고 착각하여 상대방의 입장과 진정한 고충을 놓쳐 관계에 오해와 서운함을 쌓이게 한다.
2. **순진한 냉소주의: 나만 희생한다는 오해** 관계 유지를 위해 상대방보다 나 자신이 더 노력하고 희생한다고 착각하며, 서로의 노력을 인정하지 않아 결국 관계에 균열을 만들게 된다.

3장

이성적이라는

착각

감정이 당신의 성공을
방해하고 있었다면?

　어떤 사람들은 원하는 것을 거침없이 이뤄내는 반면, 아직은 아무것도 이루지 못한 채 현실의 벽 앞에서 좌절하는 사람들도 있다. 성공을 꿈꾸지만 막상 좋은 기회가 오면 '변화에 적응하지 못하면 어쩌지? 실패하면 모든 것을 잃을지도 몰라'와 같은 불안감과 두려움에 사로잡혀 무의식적으로 피하게 되는 것이다. 이러한 회피 욕구는 실패를 습관처럼 반복하게 만들고, 눈앞의 기회마저 놓치게 한다. 성공을 두려워하고 현실에 안주하기 쉬운 사람들의 두 가지 심리적 특징에 대해 알아보자.

✳ 우산 속 기회와 망설임 ✳

늦여름 비가 내리던 어느 날, 고등학교 중앙 문 앞에 우산을 챙기지 않은 왕대가 서 있었다. 그때 히진이 우산을 쓰고 다가와 말했다. "너도 8단지 살지? 빨리 와, 같이 쓰고 가자." 왕대의 볼이 붉게 물들었다. 다음 날, 학교 밴드 연습실. 기타를 들고 있던 왕대와 시우가 이야기를 나누고 있었다. 시우가 말했다. "히진이가 너한테 우산 씌워줬다고? 뭐야, 너한테 관심 있는 것 같은데?" 왕대는 쑥스러운 듯 얼버무렸다. "에이, 그냥 집 가는 방향이 비슷하니까 그런 거겠지." 그러자 시우는 답답하다는 듯 말했다. "내가 보기엔 관심 있는 거니까? 그러니까 좀 적극적으로 해보라고, 답답아." 왕대가 '그런가?' 하고 생각하던 순간, 시우의 휴대폰이 울렸다. 앰프 위에 놓인 화면에는 '히진: 시우야 뭐해?'라는 메시지가 떠 있었다. 왕대는 급히 시선을 돌리며 못 본 척했다.

또다시 비가 내리던 날, 이번엔 제법 거센 소나기였다. 우산을 챙기지 않은 왕대 앞에 다시 히진이 우산을 들고 서 있었다. "또 우산 안 가져왔어? 빨리 와." 왕대는 저절로 미소가 지어졌지만, 이내 멈칫했다. 히진이 시우에게 보냈던 '시우야 뭐해?'라는 메시지가 떠올라 표정이 굳어졌다. 왕대는 애써 웃으며 말했다. "괜찮아. 비도 얼마 안 오는데 그냥 맞고 가도 돼." 그 순간 갑자기 천둥이 치며 빗줄기는 더욱 거세졌다. 히진은 왕대를 똑바로 보며 말했다. "이게 얼마 안 온다고? 그러지 말고 같이 가." 그러나 왕대는 여전히 주저하며 중얼거렸다. "아니, 정말 괜찮아."

성공을 두려워하는 '요나 콤플렉스'

우리에게는 꼭 이루고 싶었고, 그래서 쟁취하고 싶었던 무언가가 있었다. 사람은 누구나 성공을 갈망하지만 동시에 성공을 두려워하는 마음인 '요나 콤플렉스$^{Jonah\ complex}$'를 가지고 있다. 예측할 수 없는 변화에 실패할 위험까지 감수할 자신이 없기 때문에 나타나는 현상이다.

사람은 누구나 성공을 갈망하지만, 동시에 성공을 두려워한다. 성공하면 예측할 수 없는 새로운 변화와 책임이 따르고, 그 과정에서 실패할 위험까지 감수해야 할지도 모른다는 생각 때문이다. 그래서 좋은 기회가 눈앞에 있어도 불안감 때문에 자신도 모르게 피하려 하는 요나 콤플렉스를 겪게 된다.

완벽한 순간과 조건 아래에서도 성공을 향한 변화를 두려워하며 좋은 기회를 회피해 버리곤 한다. 그리고 그렇게 기회를 놓치고는 집 현관문 안에서 홀딱 젖은 채 "그냥 비가 좀…… 맞고 싶었어"라고 반항적으로 대답하며, 늘 성공의 가능성만을 입으로 추앙한다. 결국 요나 콤플렉스는 자신에게 온 기회를 스스로 외면하게 만들어 실패를 습관처럼 반복하게 만든다.

✻ 씁쓸한 자기 합리화 ✻

낙엽이 흩날리는 학교 운동장. 춘추복을 입은 히진과 동헌이 벤치에 나란히 앉아 다정한 분위기를 풍기고 있었다. 멀리서 그 모습을 바라보던 왕대는 씁쓸한 표정을 감추지 못했고, 옆에 있던 시우가 말했다. "이미 버스 떠났어. 그러니까 진작 내가 잘해보라고 했을 때 좀 하지 그랬냐." 왕대는 인지 부조화에 빠지자 애써 아무렇지 않은 척 합리화했다. "사실 나도 그렇게까지 진심은 아니었는데? 그리고 이런 게 다 영감 아니겠냐? 지금 이 감정을 이용해서 곡 하나 써서 부자 돼야지, 안 그래?" 허세 섞인 말을 내뱉은 것이다. 시우는 잠시 왕대를 한심하다는 듯 바라보더니 피식 웃으며 말했다. "방금 좀 멋있었다? 너 음악으로 성공하면 나도 같이 끌어줘야 돼. 알았지?" 그러며 왕대의 합리화를 슬며시 부추겼다.

현실을 왜곡하는 '인지 부조화 이론'

꿈은 높은데 현실이 시궁창일 때, 다시 말해 이상과 현실이 일치하지 않을 때 인간은 심리적 불편함, '인지 부조화'를 느낀다.

그리고 심리적 부조화를 줄이기 위해 본능적으로 자기 합리화를 한다. 심리학자 레온 페스팅거$^{\text{Leon Festinger}}$의 실험에 따르면, 지루한 과제를 하고 적은 보상을 받은 집단(1만 원)이 더 많은 보상을 받은 집단(10만 원)보다 그 과제가 재밌고 유익했다고 스스로를 왜곡하며 합리화하는 경향을 보였다. 불쾌한 감정을 해소하기 위해 현실을 왜곡하는 행동이다.

인지 부조화 상태에서 자기 합리화에만 머무르면, 사람은 현실의 문제를 직시하고 해결하려 하기보다 현실을 왜곡하여 불편한 감정만 해소하려 든다. 결국 현실에 안주하게 되고, 더 나은 기회를 스스로 외면하게 된다. 뒤늦게 정신을 차려봐도 이미 많은 시간이 흘러버렸을 가능성이 크다.

심리 치트키 성공을 방해하고 현실에 안주하게 만드는 심리

1. **성공을 두려워하는 '요나 콤플렉스'** 성공에 따르는 새로운 변화와 실패 위험에 대한 불안감 때문에 좋은 기회가 와도 무의식적으로 회피하여 실패를 반복하게 만든다.
2. **현실을 왜곡하는 '인지 부조화 이론'** 이상과 현실의 차이에서 오는 심리적 불편함 때문에 현실을 직시하지 않고 자기 합리화에만 머물러 결국 발전을 외면하고 현실에 안주하게 된다.

논리가 아닌 감정을 흔드는
사기꾼들의 수법

 "나는 절대 사기 안 당해!"라고 생각할 수 있지만, 사기꾼이 작정하고 덤비면 눈 뜨고 코 베일 수 있다. 사기꾼은 당신의 논리가 아닌 감정을 가지고 놀기 때문이다. 우리는 스스로를 합리적이고 논리적인 존재라고 믿지만, 실제 의사결정 과정에서 감정은 우리가 생각하는 것보다 훨씬 더 지배적인 영향을 미친다. 사기꾼들은 어떻게 우리의 감정을 쥐락펴락하며 의사결정 과정을 왜곡시키는지, 그 기막힌 세 가지 수법을 파헤쳐보자.

위엄 만들기: 번쩍이는 외제 차와 셀럽 친구

 사기꾼들이 사용하는 첫 번째 수법은 바로 '위엄 만들기'이다. 단순히 겉모습을 꾸미는 것을 넘어, 스스로를 비범하고 특별한 사람인 것처럼 포장한다. 사기꾼들은 주로 시각적 정보와 사회적 증거를 활용하여 감정적 유대감을 형성한다. 고급 자동차, 호화로운 집, 명품 의류 등은 시각적으로 강렬한 인상을 심어준다. 인간은 본능적으로 성공과 부유에 대한 동경을 가지고 있기 때문에 이러한 물질적 과시는 곧바로 감정적인 동경을 자극한다. "뭔가 능력이 있으니까 저렇게 성공했겠지?"라는 생각은 논리적인 판단 이전에, 성공한 인물에 대한 막연한 존경심과 긍정적인 감정에서 비롯된다. 우리는 무의식적으로 부유함을 곧 능력과 연결 짓고, 이는 사기꾼에 대한 긍정적인 첫인상과 더불어 그들의 말에 귀를 기울이게 만드는 감정적 기반을 마련한다.

 사기꾼들은 유명인과의 친분을 과시하기도 한다. 사회적 증거Social Proof라는 강력한 심리적 원리를 활용한 것이다. 유명인이나 사회적으로 인정받는 인물과의 관계를 보여줌으로써, 유명인의 명성과 신뢰도를 자신의 것으로 전이시키려는 의도이다. '유명인과 친한 걸 보니 믿을 만하겠네' 하는 생각은 단순한 논리적 추론이 아니라, '저렇게 대단한 사람과 친하다니, 나도 저 사람을 믿어도 되겠구나' 하는 감정적인 안도감과 신뢰라는 착각을 불러일으킨다. 우리는 본능적으로 다수의 선택이나 사회적 권위가 있는 인물의 추천을 따르려는 경향이 있다. 이는 복잡한 판단을 줄이고 안전한 길을 택하려는 생존 본능과도 연결되어 있다. 사기꾼은 이러한 감정적 기제를 이용하여 우리에게 감정적으로 호의를 가지게 하고, 의심의 싹을 잘라버린다.

위엄 만들기는 우리의 감정적 취약성을 교묘하게 파고든다. 성공에 대한 열망, 인정받고 싶은 욕구, 불확실한 미래에 대한 불안감 같은 인간 본연의 약점을 자극하여 우리를 조종하는 데 활용된다. 우리는 사기꾼의 화려한 겉모습과 성공한 인맥에 우리의 이상적인 미래의 모습을 투영한다. 이제 우리는 사기꾼을 단순히 사업가나 투자자가 아닌, 우리의 꿈을 실현시켜줄 멘토나 구원자와 같은 존재로 여기게 된다. 이성적인 판단은 뒷전으로 밀려나고, 감정적인 경외심과 막연한 신뢰가 의사결정의 주된 동기가 된다. 결국 사기꾼의 말이 논리적으로 타당한지 분석하기보다는, 그가 풍기는 '성공한 사람'의 아우라에 압도되어 그의 제안을 그대로 수용하게 되는 것이다.

판타지 자극: 감정적 결핍과 한 줄기 희망

이제 사기꾼은 우리의 '가장 약한 고리'를 공략한다. 바로 현실에 대한 불만족과 꿈같은 미래에 대한 간절한 염원, 즉 '감정적 결핍'을 파고드는 것이다. 돈도 잘 벌고 인맥까지 좋은 사람을 보면 너무 부럽다! 우리는 '나도 저런 사람이 되고 싶다' 하는 막연한 꿈을 꾸게 된다. 이때 사기꾼이 나타나 이렇게 속삭인다. "걱정 마세요! 제가 당신도 그런 사람이 될 수 있도록 도와드리겠습니다!"

평범하고 고달픈 현실에서 벗어나고 싶은 강한 욕구가 있는 사람들에게, 사기꾼의 제안은 마치 절대적인 구원의 손길처럼 느껴진다. 사기꾼만 믿고 따라가면 복잡한 노력이나 위험 없이도 꿈같은 현실이 펼쳐질 것이라는 환상을 심어준다. 이 시점에서 우리의 이성적인 판단 능력은 급격히 저하된다. 합리적인 사람은 이 세상에 '공짜 점심'은 없다는 것을 알고 너무 쉽게 얻어지는 성공을 의심하지만, 감정적으로 궁지에 몰려 있거나 강렬한 희망에 사로잡힌 사람은 이러한 기본적인 논리조차 간과하게 된다.

우리가 가진 현실의 불만족과 이상적인 미래에 대한 갈망이라는 감정적 결핍을 정교하게 파고들어, 허황된 가능성을 절대적인 희망이자 탈출구로 인식하게 만드는 과정이다. 사기꾼은 단순히 돈을 벌게 해주겠다는 약속을 넘어, 피해자의 근본적인 감정적 결핍을 자극한다. 재정적 어려움에 처한 사람에게는 경제적 자유라는 판타지를, 사회적으로 인정받지 못하는 사람에게는 명예와 지위라는 판타지를, 외로운 사람에게는 소속감과 유대감이라는 판타지를 제시한다. 이러한 판타지는 우리 마음속 가장 깊은 곳에 있는 욕구를 건드리며, 이성적인 사고로는 도저히 떨쳐낼 수 없는 강렬한 감정적 동기가 된다. 사기꾼은 자신이 제공하는 것이 단순한 사업 기회가 아니라, '인생 역전'이라는 꿈 그 자체라고 포장한다.

사기꾼은 '내가 바로 당신을 구해줄 유일한 구원자'라는 판타지를 심어준다. 이러한 감정적 조작으로 우리는 사기꾼을 유일한 희망이자 멘토로 여기게 된다. 사기꾼의 말을 무비판적으로 수용하게 되며, 그의 지시를 따르지 않으면 꿈을 이룰 수 없을 것이라는 강박적인 두려움마저 느끼게 된다. 결국 현실적인 위험을 인지하지 못한 채 감정적인 환상에 갇혀, 사기꾼의 요구를 맹목적으로 따르게 되는 것이다. 이 단계에 이르면 피해자는 이미 이성적인 사고보다는 감정적 투자Emotional Investment를 통해 더 깊이 사기에 얽매이게 된다. 이 시점에는 이미 지갑을 열 준비가 된 '감정적 투자자'가 되어 있는 것이다.

확증 편향: 보고 싶은 것만 보는 마법

사기꾼의 마지막이자 가장 무서운 필살기, '확증 편향Confirmation Bias'이다. 확증 편향은 우리가 믿고 싶은 것만 믿고, 그에 반대되는 정보는 오류라고 처리해버리는 심리 현상이다. 기존 믿음을 확인하거나 강화시켜주는 정보만을 선별적으로 받아들이고, 그에 반대되는 정보는 무시하거나 왜곡하게 된다.

처음에는 사기꾼의 말을 들었더니 정말 일이 술술 풀리는 것 같다. 사기꾼이 초기에 던져주는 미끼다. 사기꾼은 초기 단계에서 작은 성공이나 긍정적인 경험을 제공하여 피해자의 믿음을 강화한다. 소액의 수익을 돌려주거나, 그럴듯한 명목으로 일부 돈을 지급하여 피해자에게 "역시 이 사람은 진짜였어!" 하는 감정적 확신을 심어주는 것이다. 이 감정적 확신은 나중에 불길한 징조가 나타나더라도 이를 무시하게 만드는 강력한 방어막이 된다.

이제 문제가 발생하기 시작한다. 인터넷 기사에 "청년 주식 부자에 관한 몇 가지 의혹"이라는 헤드라인 아래, 유명인과 찍었다는 사진에 모자이크가 처리된 의혹 기사가 뜬다. 이때 우리의 뇌는 '어? 이거 뭔가 이상한데?'와 '내가 착각하는 거겠지?' 하는 두 가지 감정 사이에서 갈등한다. 이처럼 객관적이고 부정적인 정보가 드러나기 시작해도, 우리는 이미 사기꾼에게 굳건한 감정적 믿음을 가지고 있기 때문에 이를 합리화하려 한다.

바로 이때 사기꾼 또는 그의 공범이 던지는 한 줄기 빛이 나타난다. "익명의 댓글: ○○ 청년 주식 부자 사기꾼 아님." 우리의 뇌는 이 댓글을 보자마자 환호한다. "거봐! 사기꾼 아니래도!" 이 한 줄의 댓글은 피해자의 감정적 믿음을 즉각적으로 강화시키는 역할을 한다. 이러한 보조적인 수단으로 우리의 확증 편향을 더욱 부추기는 것이다. 백 가지 진실이 있어도, 딱 한 가지 거짓을 믿고 싶은 마음이 확증 편향을 통해 강해지는 순간이다.

확증 편향은 인지 부조화Cognitive Dissonance와 밀접하게 관련되어 있다. 자신이 믿고 있는 것(청년 주식 부자는 좋은 사람)과 새로운 정보(청년 주식 부자가 사기꾼이라는 의혹)가 충돌할 때, 사람들은 이 불편한 감정을 해소하기 위해 새로운 정보를 부정하거나 왜곡하려는 경향을 보인다. 사기꾼은 바로 이 점을 이용하여 우리의 감정적 믿음을 더욱 공고히 하고, 객관적인 현실을 인식하는 능력을 마비시킨다. 우리는 이미 시간, 노력, 그리고 무엇보다 감정적인 에너지를 투자했기 때문에, 그 모든 것이 헛되었다는 사실을 인정하기 매우 힘들어한다. '내가 이렇게까지 믿었는데, 그게 다 가짜라고? 말도 안 돼!' 우리의 뇌는 이 불편한 진실을 받아들이기보다 차라리 현실을 왜곡하는 길을 택한다. 이 때문에 현실을 부정하고 사기꾼의 말만 맹신하게 되는 비극적인 결과를 초래하는 것이다.

감정의 이해와 자기방어

 결국 사기꾼의 수법은 우리의 감정을 이용한 정교한 심리 조종술이다. 그들은 우리가 성공을 꿈꾸고, 현실에 불만족하며, 자신이 믿는 것을 고수하려는 인간적인 본성을 너무나 잘 알고 활용한다. 사기꾼의 세 가지 수법, '위엄 만들기(경외심과 신뢰 착각)', '판타지 자극(희망 조작)', 그리고 '확증 편향(믿음 강화)'은 모두 인간의 감정적 취약성을 정교하게 파고드는 전략이다. 그들은 단순히 논리적인 허점을 노리는 것이 아니라, 우리가 가진 성공에 대한 열망, 현실 도피 욕구, 인정받고 싶은 심리, 그리고 기존의 믿음을 유지하려는 경향 등 다양한 감정들을 조작하여 의사결정 과정을 왜곡한다.

 사기 수법에 넘어가지 않기 위해서는 우리 자신의 감정적 상태를 이해하고, 의사결정 과정에서 감정이 어떤 영향을 미치는지 인식할 수 있어야 한다. 너무 달콤한 제안, 쉽게 얻어지는 성공, 그리고 맹목적인 신뢰를 요구하는 상황에서는 감정을 잠시 멈추고 이성적인 검증의 과정을 거쳐야 한다. '너무 좋아 보여서 의심스럽다'는 역설적인 감정을 느낀다면, 그것이 바로 우리를 보호하는 신호일 수 있다. 감정을 완전히 배제할 수는 없지만, 감정에 휩쓸리지 않고 객관적인 정보를 찾아야 한다. 우리의 감정은 때로는 길잡이가 되지만, 때로는 덫이 될 수도 있다.

> **심리 치트키 논리가 아닌 감정을 흔드는 사기꾼들의 3가지 수법**
>
> 1. **위엄 만들기: 경외심과 신뢰 착각 유발** 고급 물품이나 유명인과의 친분 과시로 성공에 대한 동경과 막연한 신뢰를 자극하여 이성적 판단 이전에 감정적 기반을 만든다.
> 2. **판타지 자극: 희망 조작** 현실 불만족과 이상적 미래에 대한 '감정적 결핍'을 파고들어, 자신이 '인생 역전'을 이뤄줄 유일한 구원자라는 환상을 심어 맹목적 투자를 유도한다.
> 3. **확증 편향: 믿음 강화** 초기에 작은 성공을 던져준 후, 부정적인 정보가 나와도 기존의 감정적 믿음을 고수하게 만들어 객관적인 현실을 왜곡하고 사기에 깊이 얽매이게 한다.

이성보다 빠른 감각,
직관의 비밀

우리 삶에는 왠지 모르게 "저 사람, 뭔가 좀 쎄한데?" 싶은 순간들이 찾아온다. 그런데 과연 그런 쎄한 느낌을 믿어도 되는 걸까? 혜정 씨의 이야기를 통해 쎄한 느낌의 비밀과 그 구별법을 알아보자.

> ### ✷ 첫 만남: 미묘한 불협화음 ✷
>
> 처음으로 소개팅에 나가게 된 혜정. 상대는 훈훈한 인상에 말끔한 차림이었다. 잔뜩 긴장한 혜정은 그만 테이블에 물을 시원하게 엎지르고 말았다.

"어머, 어떡해. 죄송해요!" 소심하게 사과하며 휴지를 찾는 그녀를 보고, 남자는 웃으며 자연스럽게 휴지를 뽑아 테이블을 닦아 주었다. 얼핏 보기엔 전혀 쎄한 구석이 없었다. 오히려 건강하고 서글서글한 인상이었다.

"제가 소개팅이 처음이라서…… 너무 긴장했나 봐요. 그거 저 주세요, 제가 닦을게요." 혜정은 민망함에 어쩔 줄 몰라 했다.

남자는 미소를 지으며 대답했다. "괜찮아요. 사실 저도 소개팅이 처음이라서 많이 긴장하고 있어요. 아닌 척하고 있지만요."

그의 말에 혜정의 긴장이 조금 풀렸다. "정말요? 전혀 안 그래 보이시는데."

그 순간, 휴지가 다 떨어졌다. 남자의 표정이 미묘하게 변하더니, 싸늘한 눈빛으로 종업원을 손짓하며 나지막이 말했다.

"이거 휴지 좀."

혜정은 그 순간, 왠지 모를 쎄한 느낌에 휩싸였다. 아까와 달라진 남자의 모습에 등골이 서늘해졌다.

쎄함, 인간의 비밀 치트키

소개팅에서 자리에서 혜정 씨가 느낀 '쎄한 느낌'은 우리가 흔히 말하는 직감의 일종이다. 인간은 다른 동물들처럼 선천적으로 특별한 능력을 가지고 있다. 바로 '폭력에 대한 보편적인 신호', 즉 쎄한 느낌을 본능적으로 감지하는 능력이다. 감정은 단순히 기분 좋거나 불쾌한 상태를 넘어, 우리가 생존을 위해 발전시켜 온 중요한 경보 시스템 역할을 한다. 혜정 씨의 소개팅남이 순간적으로 보였던 싸늘한 눈빛과 명령조의 말투는 혜정 씨의 무의식이 위험 신호를 감지했음을 보여준다. 우리가 의식적으로는 인지하지 못하는 미묘한 표정, 몸짓, 말투의 변화에서 잠재적인 위험을 감지하는 것이 바로 이 쎄한 느낌의 정체다.

미국의 폭력 안전 전문가인 가빈 드 베커Gavin de Becker에 따르면, 현대적인 삶은 이런 인간의 감각을 무력화시킨다고 한다. 우리는 괜히 느낌만으로 사람을 의심하면 어색하고 민망할까 봐, 자신의 직관을 믿지 못하는 경향이 있다. 이성적인 판단을 중시하는 사회 분위기 속에서 본능적인 감각은 종종 무시되기 쉽다.

> ✳ **두 번째 경고: 숨겨진 본성** ✳
>
> ---
>
> 몇 주 뒤, 혜정은 친구인 왕대와 히진, 그리고 소개팅으로 만난

남자친구와 함께 술집에 갔다. 히진은 숟가락을 마이크 삼아 능청스럽게 남자친구에게 물었다. "남자친구로서 혜정 언니의 매력은 뭔가요?"

남자친구는 사랑스러운 눈빛으로 혜정을 바라보며 달콤하게 대답했다. "너무 예쁘고 착하고 똑똑한데 귀엽고 사랑스러운 게 혜정이의 매력이죠. 정말 마음 같아선 제 주머니에 넣고 다니고 싶다니까요." 이 달달한 멘트에 왕대는 슬쩍 헛구역질하는 시늉을 하며 웃음을 자아냈다.

혜정은 얼굴을 붉히며 말했다. "민망하게 왜 그래."

이번에는 히진이 혜정에게 질문을 던졌다. "그럼 여자친구로서 남자친구분의 매력은 뭡니까?"

혜정이 대답을 시작했다. "일단 엄청 친절하고, 잘생기기까지……."

그때였다. 왕대가 우동 면을 떠먹다 실수로 국물을 남자친구의 옷에 튀기고 말았다. 순간 남자친구의 표정이 굳어지더니, 감정을 담아 욕설을 내뱉었다.

"아, 젠장."

술집 분위기는 순식간에 싸늘하게 얼어붙었다. 당황한 왕대는 잔뜩 겁먹은 얼굴로 허리 숙여 사과했다. "죄송합니다."

남자친구는 억지 미소를 지으며 대답했다. "아니에요, 순간 놀라서 제가 실수했네요." 그러고는 왕대의 어깨를 툭툭 두드리며 쎄한 눈빛으로 말했다. "죄송해요, 왕대 씨."

왕대와 히진은 뒤에서 서로 눈짓을 주고받았다.

쎄한 느낌을 감지하는 법

혜정 씨의 남자친구는 '쎄한' 사람의 전형적인 특징을 보였다. 겉으로는 혜정 씨에게 더없이 다정하고 매력적인 모습을 보였지만, 통제되지 않는 상황에서 순간적으로 본성을 드러낸 것이다. 왕대가 실수로 국물을 튀겼을 때 나온 거친 욕설은, 평소 숨겨진 공격적인 성향을 보여주는 중요한 신호이다. 이처럼 통제되지 않는 순간적인 언행은 쎄한 느낌을 감지하는 핵심적인 방법 중 하나다.

이후의 행동에도 주목해야 한다. 찜찜하게 미소 지으며 사과하는 모습, 그리고 왕대의 어깨를 토닥이며 보이는 쎄한 눈빛은 겉과 속이 다른 이중적인 면모를 보여준다. 이러한 언어와 비언어의 불일치는 불편함과 불안감을 유발하며, '쎄하다'는 느낌을 강하게 전달한다. 대부분의 사람에게는 위험한 인물이나 상황을 인식하는 선천적인 경보 체계가 존재한다. 친구들의 쎄한 느낌도 예외는 아니었다. 친구들은 혜정 씨의 남자친구에게서 무의식적으로 위험 신호를 감지한 것이다.

> ### ✳ 외면의 대가: 멍든 다리 ✳
>
> 며칠 뒤, 카페에 모인 왕대와 히진은 혜정에게 조심스럽게 이야기를 꺼냈다. "이런 말 해서 좀 미안한데, 언니 남친이 뭔가 좀 쎄해. 안 그래, 왕대야?" 히진이 먼저 말했다.
>
> 왕대도 고개를 끄덕이며 동의했다. "사람을 너무 쉽게 판단하면 안 되지만, 그래도 쎄한 감이 있긴 있었어."
>
> 그러자 혜정은 순간 멈칫하더니, 뜬금없이 울컥 화를 터뜨리듯 말했다. "아니야! 우리 오빠가 그렇게 보일 수 있는데, 알고 보면 진짜 착한 사람이야. 진짜로!"
>
> 혜정의 갑작스러운 반응에 히진은 당황해 얼버무렸다. "그…… 그래, 뭐. 나는 잘 모르니까."
>
> 하지만 테이블 아래 혜정의 정강이에는 작은 멍이 들어 있었다.

폭력은 과정이고, 예측 가능하다

폭력 감지 신호는 어디까지나 직감이기 때문에 쉽게 외면당하곤 한다.

폭력은 과정이자 연속적인 행위의 결과이기 때문에 폭력은 충분히 예측할 수 있다. 쎄한 느낌은 폭력이 실제로 발생하기 전에 울리는 초기 경보 신호이다. 만약 혜정 씨가 처음 소개팅 자리에서 감지했던 쎄한 느낌, 혹은 이후 술자리에서 보였던 통제되지 않은 행동들을 심각하게 받아들였다면, 잠재적인 위험을 미리 인지하고 다른 선택을 할 수 있었을 것이다.

쎄한 느낌은 마치 예민한 화재경보기와 같다. 간혹 불이 나지 않았는데 울리는 화재경보기는 다소 거슬리고 시끄러운 존재일 수 있다. 하지만 정말 불이 났는데 울리지 않는 것보단 낫지 않을까?

쎄한 느낌은 불편하고 불확실할 수 있지만 결국 우리 자신을 보호하기 위한 본능적인 신호이다. 우리는 종종 '느낌만으로 괜한 사람 의심하면 좀 머쓱하니까'라는 생각에 이 경고를 외면하곤 한다. 하지만 폭력 안전 전문가 가빈 드 베커가 강조하듯이, 이러한 직관은 생존을 위한 중요한 능력이며, 이를 무시하는 것은 스스로를 불필요한 위험에 노출시키는 행위이다.

당신을 불편하게 만드는 '쎄한 느낌'이 있다면, 그 느낌을 단순히 무시하지 말 것. 그것은 당신을 보호하기 위한 본능적인 경보일 수 있다.

혹시 지금 당신을 쎄하게 만드는 무언가가 있다면, 그 느낌을 어떻게 받아들이고 대처할 것인가?

> 🩵 **심리 치트키** **이성보다 빠른 감각, 직관의 비밀**
>
> 1. **'쎄한 느낌'은 생존을 위한 본능적 경보** '쎄한 느낌'은 폭력에 대한 선천적인 경보 시스템으로, 평소와 다른 미묘한 언행의 불일치 등 위험 신호를 무의식이 감지하는 것이다.
> 2. **경고를 믿고 외면하지 않는 용기** 이성적인 판단 때문에 직관을 외면하면 잠재적 위험에 노출될 수 있으므로, 불편하더라도 '쎄한 느낌'이라는 본능적인 신호를 믿고 대처한다.

감정을 외면하면
치르는 대가

 누구나 실수를 하지만 실수를 저지르고 나서 특정 행동을 한다면, 그때는 정말 답이 없어질 수 있다. 현실을 회피하려는 사람들의 특징과, 어떻게 해야 이러한 함정에서 벗어날 수 있는지 알아보자.

타조 효과: 눈 감으면 괜찮을 거라는 착각

 타조 효과란 위기 상황이 발생했을 때, 문제를 해결하려고 노력하지 않고 현실을 부정하며 외면하는 것을 의미한다. 실제로 타조는 맹수가 돌진해 오면 땅바닥에 머리를 박고 가만히 있다고 한다. 내 눈에만 보이지 않으면 괜찮다고 생각하는, 참 어처구니없는 해결책이다. 하지만 때로는 우리 인간도 땅바닥에 머리를 박은 타조와 크게 다르지 않다.

우리가 실수를 저질렀거나, 지금 실수를 저지르는 중이라면 어떤 행동을 할까? '이건 사회 탓이야, 환경이 문제였어, 다 남들 때문이야'라고 말하며 현실을 부정하지는 않을까? 이러한 행동은 마치 땅바닥에 머리를 박은 타조와 같다. 문제는 여전히 존재하고, 오히려 시간이 지날수록 더 커질 수 있다.

고개를 들고 행동할 것

현실을 회피하려 하지 말고, 고개를 빳빳이 들고 현실과 직접 마주해야 한다. 그리고 무엇이 되었든, 일단 행동해야 한다. 그게 땅바닥에 고개를 박고 가만히 있는 것보다는 백 번 옳은 일이다.

작은 행동이라도 시작하자. 문제를 인정하고 첫발을 내딛는 순간, 해결의 실마리가 보이기 시작한다.

  인간은 누구나 실수를 한다. 하지만 그렇다고 해서 땅바닥에 고개를 박고 아무것도 하지 않는 타조가 되지는 말자.

> 💙 심리 치트키   **감정을 외면하면 치르는 대가**
>
> 1. **타조 효과: 현실 회피의 위험성** 문제를 해결하려 하지 않고 '타조 효과'처럼 현실을 부정하고 외면하면, 문제는 오히려 커지고 결국 더 답이 없어지는 상황에 이르게 된다.
> 2. **고개를 들고 행동할 것** 실수나 위기 상황에 직면했을 때 현실과 직접 마주하여 문제를 인정하고, 해결의 실마리를 찾기 위해 작은 것이라도 즉시 행동해야 한다.

> 4장

부정적 감정 VS 긍정적 감정

모두 껴안아야 하는 이유

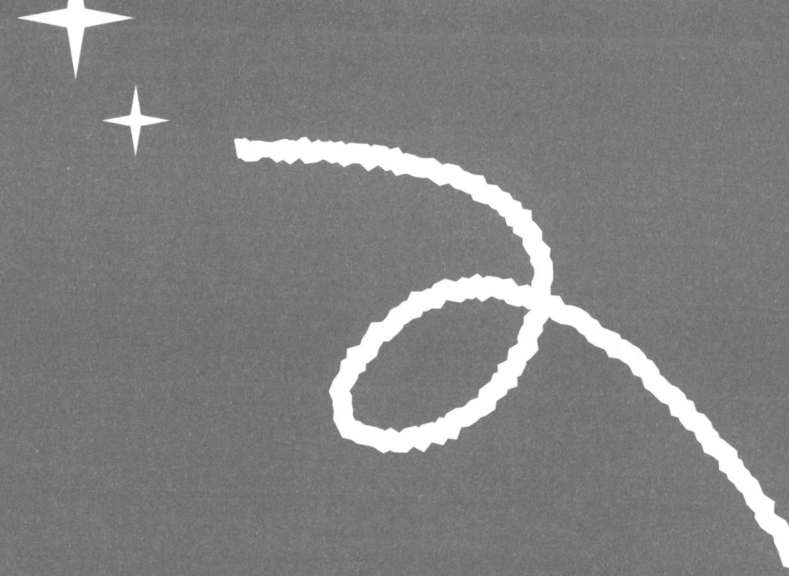

사람은 울다가 웃을 수 있다
: 감정의 양면성을 이해하라

사는 게 즐거울 수도, 지치고 권태롭게 느껴질 수도 있다. 하지만 스스로를 불행하게 만들다가 결국 불행이 체질이 될 수 있는 사람에게는 두 가지 특징이 있다.

> ✳ **혜정의 불편한 시선** ✳
>
> 회사 사무실에서 혜정이 작성한 서류를 검토하던 범준 차장은 "그래 뭐…… 나쁘진 않네"라며 건조하게 말했다. 혜정은 영혼 없이 감사 인사를 건네고 힘이 빠진 채 자리에 앉았다.
> 그때 옆자리의 히진이 조심스럽게 말을 걸었다. "혜정 님, 죄송한

데요. 제가 아직 캐드가 좀 어려워서 그런데 한 번만 더 도와주실 수 있을까요?" 혜정은 언짢은 표정을 지었고, 히진은 살짝 당황한 기색을 보였다. 혜정은 속으로 불만을 삼켰다. '왜 내 주변엔 하나같이 이런 성가신 존재들밖에 없는 걸까?'

다음 날, 출근한 혜정은 히진이 전날과 같은 옷을 입고 있는 것을 보고 물었다. "히진 씨, 설마 여기서 밤샌 거예요?" 히진은 우물쭈물하며 대답했다. "빨리 도움이 돼야 하는데 제가 배우는 속도가 너무 느려서요……."
혜정은 순간 히진의 순수함과 성실함이라는 장점에 의식적으로 초점을 맞추려 했다. 그러자 표정이 '어휴' 하는 듯한 미소로 바뀌었다.
"아니, 그렇게까지 안 해도 되는데. 일은 금방 익숙해질 거니까 너무 부담 갖지 않아도 돼요. 모르는 건 언제든 저한테 물어보면 되고요." 혜정의 말에 히진은 감동한 듯 환하게 웃었고, 그 모습을 보자 혜정의 기분도 금세 누그러졌다.

부정적인 감정에 갇히는 '기분 일치 효과'

하나같이 다 마음에 안 들고, 내 주변엔 나를 힘들게 하는 사람들만 있는 것 같은 울분한 느낌을 느껴본 적이 있을 것이다. 그 이유는 바로 나의 기분이 좋지 않기 때문이다. 인간은 무의식중에 자신의 감정과 일치하는 정보만 모으려는 본능이 있는데, 이를 '기분 일치 효과Mood Congruence Effect'라고 한다.

같은 사람을 보더라도 내 기분이 긍정적일 때는 그 사람의 순수함과 성실함 같은 긍정적인 면모가 보인다. 하지만 나의 기분이 부정적일 때는 유독 답답함 같은 부정적인 모습만 보인다. 그렇기에 기분이 한 번 다운되기 시작하면 자꾸만 부정적인 것들만 눈에 들어오기 시작하고, 그러면 그럴수록 점점 더 꼴 보기 싫은 모습들만 보여 부정의 악순환이 시작된다.

의식적으로 타인이 가진 장점에 초점을 맞추려 노력한다면, 타인과의 관계뿐만 아니라 나의 행복감까지 높일 수 있다. 심리학자 샌드라 머리Sandra Murray 교수팀의 연구에 따르면, 자신의 파트너에게 자신보다 더 높은 점수를 준 사람들이 더 행복감을 느끼기 쉬웠고, 반대로 파트너보다 자신에게 높은 점수를 준 사람들은 행복감을 느끼기 어려웠다고 한다. 주위 사람을 자신보다 부족하다고 느끼는 사람은 대체로 삶의 행복도가 떨어지는 경향을 보였다.

그러니 주변 사람들 때문에 스트레스를 받는다면, 의식적으로라도 그들의 장점을 보려 노력해보는 건 어떨까? 타인의 장점은 나의 부정적인 감정에 가려져 잘 보이지 않을 수 있지만, 분명 존재하고 있다. 누구라도 장점 하나쯤은 있다.

✷ 과거에 갇힌 범준 ✷

사무실에서 피곤한 얼굴로 '진입장벽 낮은 프랜차이즈 창업 TOP 10' 영상을 보고 있는 범준. 그는 무채색의 하루들을 지루하게 살아내고 있었다. 그때 어디선가 "야, 띨준아. 최띨준이 안 들리냐? 벌써 빠져가지고 이제 그냥 무시하기로 한 거야?"라는 소리가 들려왔다. 범준은 이상함을 느끼며 자리에서 일어나려 했다.

생기 가득하던 신입사원 시절의 범준. 부장님이 설계 도면을 들여다보다 장난스럽게 타박했다. "아니, 부품도가 이게 뭐야? 진짜 자꾸 이럴래? 제발 한 번에 좀 하자, 띨준 씨." 어리숙했던 젊은 범준은 당황하다가도 이내 미소를 지으며 대답했다. "네, 죄송합니다!" 주위를 두리번거리던 그의 눈에는 온 세상이 다채로운 총천연색으로 빛나고 있었다.

잠깐의 공상 끝에 무채색의 적막한 현실로 돌아온 범준. 그때 혜정이 다가와 커피를 내밀며 웃었다. "차장님, 커피 드시고 하세요." 당황한 얼굴로 커피를 받아 든 범준은, 오랜 세월 잊고 지낸 소소한 일상의 생기가 다시금 느껴졌다.

과거에 갇히는 '므두셀라 증후군'

 최근 하루하루가 다채롭고 활기찬지, 무채색이고 지루한지 생각해보자. 요즘 들어 자꾸 '서툴고 미숙해도 나름 찬란했던 과거 시절이 참 좋았는데……' 하는 생각이 들곤 한다면 혹시 당신은 '므두셀라 증후군'에 빠져 있는 것은 아닐까?

 인간은 대체로 지나온 과거를 아름답게 기억하려는 본능이 있다. 나쁜 감정은 지우고, 좋은 감정만 남겨 그 시절을 아름답게 포장하려는 것이다. 이를 '므두셀라 증후군Methuselah Syndrome'이라고 한다. 이는 정신 건강에 이로운 좋은 심리 현상이다. 나쁜 것은 금방 잊고 좋은 감정만 간직하면 훨씬 이롭기 때문이다.

 하지만 이는 일종의 도피 심리가 될 수 있다. 왜냐하면 찬란하게 빛났던 과거에 비해 현재가 너무 볼품없게 느껴지니, 이제는 존재하지도 않는 환상 속 과거를 동경하며 현재의 삶을 그저 암울하고 무의미하게 느끼기 때문이다. 범준이 '과거가 좋았지'라고 생각하는 것처럼 말이다.

 언젠가는 지금의 이 순간 또한, 나쁜 감정들은 모두 사라지고 좋았던 감정들만 남아 나름 찬란했던 기억으로 추억되는 날이 올 수도 있다. 과거의 좋은 기억에만 머물러 현재의 삶을 무의미하게 여기는 것은 스스로를 불행하게 만드는 길이다. 지금 이 순간에도 작지만 소중한 행복을 찾아보고, 현재를 충실히 살아갈 때 진정한 행복을 느낄 수 있다.

스스로를 불행하게 만드는 사람은 첫째, 부정적인 감정에 갇혀 주변의 좋은 점을 보지 못하는 '기분 일치 효과'에 빠지기 쉽다. 둘째, 과거의 아름다운 기억에만 집착하여 현재를 비관하는 '므두셀라 증후군'을 겪기 쉽다. 이러한 심리적 함정에서 벗어나려면, 의식적으로 긍정적인 면모를 찾으려 노력하고, 과거가 아닌 현재에 집중하며 삶의 의미를 찾아나가야 한다. 혹시 지금 나에게도 스스로를 불행하게 만들고 있는 습관이 있지는 않을까?

행복은 외부 환경이나 과거의 기억이 아닌, '지금 여기'를 어떻게 바라보느냐에 달려 있다. 불행이 체질이 되는 것을 막고 싶다면, 매 순간 자신의 감정을 점검하고 부정적인 생각의 고리를 끊어내는 의식적인 노력이 필요하다. 오늘 하루 동안 내가 경험한 작은 성취, 주변 사람들의 예상치 못한 친절, 혹은 그저 햇살이 좋았던 순간 등 사소하지만 현재의 긍정적인 요소들을 적극적으로 찾아 기록해보자. 이러한 '감사 일기'나 '긍정 찾기' 습관은 기분 일치 효과를 역이용하여 긍정의 순환 고리를 만들고, 므두셀라 증후군이 앗아간 현재의 가치를 되찾는 데 도움을 줄 수 있다. 지금 이 순간을 충실히 살아가는 것만이 미래에 후회하지 않을 찬란한 기억을 만드는 유일한 방법이다.

> **심리 치트키 스스로를 불행하게 만드는 심리**
>
> 1. **부정적인 감정에 갇히는 '기분 일치 효과'** 현재 기분이 좋지 않을 때 그 감정과 일치하는 부정적인 정보만 선별적으로 보게 되어 주변의 장점과 행복을 놓치고 악순환에 빠진다.
> 2. **과거에 갇히는 '므두셀라 증후군'** 나쁜 기억을 지우고 좋은 기억만 남기는 과거의 찬란했던 기억에 집착하여 현재의 삶을 암울하고 무의미하게 여기는 도피 심리이다.

행복했던 과거에 갇힌 당신에게

삶이 지치고 힘들 때가 있다. 현실은 암울하게만 느껴지고, 미래는 도무지 그려지지 않는다. 현재의 일상은 마치 비현실적인 꿈처럼 느껴지고, 그저 행복했던 과거만을 그리워하며 하루하루를 버텨내고 있을 수도 있다. 만약 그렇다면, 우리는 지금 '끝을 알 수 없는 일시적인 삶'에 빠져 있을지도 모른다.

끝을 알 수 없는 일시적인 삶

'일시적인 삶Provisional Existence'은 제2차세계대전 당시 나치의 아우슈비츠 수용소에서 살아남은 정신과 의사, 빅터 프랭클이 자신의 저서 『죽음의 수용소에서』에서 처음 소개한 개념이다. 이는 단순히 힘든 상황을 겪는 것을 넘어, 언제 끝날지 모르는 고통 속에서 사는 것을 의미한다.

빅터 프랭클은 수용소 생활이 사람들에게 미치는 가장 큰 고통 중 하나가 바로 '언제 자유를 되찾을지 모른다'는 불확실성이었다고 설명한다. 수감자들은 끝없는 고통 속에서 '이 고통이 영원할지도 모른다'는 절망에 빠지기 쉬웠고, 이는 곧 삶의 의미를 잃게 만드는 치명적인 독이 되었다.

이러한 심리적 상태는 수용소 바깥의 현실에도 흔히 나타난다. 오랜 기간 취업을 준비하는 취업 준비생, 합격의 보장이 없는 시험을 준비하는 학생, 혹은 미래가 불확실한 상황에 놓인 사람들은 모두 끝을 알 수 없는 일시적인 삶을 살고 있다고 볼 수 있다. 이들에게 하루하루는 비현실적으로 느껴지고, 과거의 좋았던 기억들만이 진짜인 것처럼 느껴진다.

모든 고통은 언젠가 끝이 난다. "이 또한 지나가리라"는 얘기처럼 말이다. 하지만 그 끝이 언제일지 알 수 없을 때, 인간은 깊은 절망감에 빠지게 된다. 영화 〈올드보이〉에서 이유도 모른 채 15년 동안 감금당했던 주인공 오대수는 이렇게 말한다. "그때 그들이 15년이라고 말해줬다면 조금이라도 견디기가 쉬워졌을까?" 끝을 모르는 고통은 사람의 정신을 갉아먹는다.

지금의 답답하고 힘든 현실이 언젠가는 끝날 거라는 사실을 머리로는 알지만, 그 끝이 도무지 현실적으로 와닿지 않습니다. 그래서 자꾸만 찬란했던 과거를 회상하고, 무기력 속에서 길고 긴 하루를 버텨낸다. 그리고 이 과정 속에서, 지금의 어려운 상황이 사실은 우리를 정신적으로 성장시킬 수 있는 절호의 기회라는 것을 잊어버리게 된다.

삶의 의미를 찾는다는 것

그렇다면 끝을 알 수 없는 일시적인 삶에 빠져 무기력해진 자신을 구원할 방법은 무엇일까? 빅터 프랭클은 그 해답으로 '삶의 의미를 찾는 것'을 제시한다. 빅터 프랭클은 이러한 절망적인 상황을 극복하고 살아남은 사람들에게서 공통적인 특징을 발견했다. 그들은 모두 고통 속에서도 자신만의 의미를 찾아냈다는 점이다.

우리는 '왜 나한테 이런 시련이 닥쳤지?'라고 묻는 대신, 삶이 우리에게 '이 시련을 통해 무엇을 해낼 것인가?'라고 묻는다고 생각해야 한다. 우리가 아무 조건 없이 풍족하고 행복한 삶을 바라는 것이 아니라, 삶이 우리에게 무엇을 바라는지를 생각해야 한다는 것이다. 즉, 우리는 삶에 질문하는 입장이 아니라, 삶으로부터 질문을 받는 입장에 서야 한다. 지금 이 시련이 나에게 주는 의미는 무엇인지, 이 시련을 통해 내가 무엇을 배우고 성장해야 하는지를 고민하는 것이다.

이 시련을 하나의 과제로 인식하고, 그 안에서 나만의 의미를 찾는 것이 중요하다. 예를 들어, 취업 준비를 하는 시간은 단순히 고통스러운 시기가 아니라, 내가 무엇을 정말 원하는지 깊이 고민하고 준비하는 성장의 시간이 될 수 있다.

빅터 프랭클은 고통을 회피하려 하지 않고, 그 고통의 의미를 발견하는 것이야말로 인간이 가진 가장 위대한 능력이라고 말했다. 끝이 보이지 않는 일시적인 삶은 당신을 무너뜨리려는 것이 아니라, 당신을 더 강하고 의미 있는 사람으로 만들기 위한 기회일 수도 있다.

어떤 일을 끝마칠 때 '작업을 완수한다'고 말하듯이, 우리는 지금의 시련을 '시련을 완수한다'는 마음가짐으로 마주해야 합니다. 이 시기를 하나의 과제처럼 수행하다 보면, 우리는 자연스럽게 깨닫게 될 수 있다. 지금의 고통스러운 경험 속에 분명 무언가를 성취할 수 있는 기회가 숨겨져 있다는 사실을 말이다.

치과 치료를 받는 것과 비슷하다. 독일의 정치가 비스마르크는 "인생은 치과 의사 앞에 있는 것과 같다"라고 말했다. 치과 의사 앞에 앉을 때마다 최악의 통증이 곧 찾아올 것이라 생각하지만, 그 과정을 견뎌내다 보면 어느새 기존의 통증까지 모두 사라져 있는 것처럼, 지금의 힘든 시련도 우리가 잘 완수해내면 결국 우리를 더 나은 상태로 이끌어 줄 것이다.

고통을 성장의 기회로 바꾸는 힘

지금의 힘든 현실은 언젠가는 반드시 끝이 난다. 그 끝이 당장 보이지 않더라도 말이다. 그리고 그 시련 속에는 분명 우리를 성장시킬 수 있는 소중한 기회가 숨어 있다.

우리가 해야 할 일은 그 기회를 찾아내고, 이 시련이라는 과제를 훌륭하게 완수해내는 것이다. 이 과정을 통해 우리는 더욱 단단하고 성장한 자신과 마주하게 될 것이다.

그리고 훗날 그렇게 힘들었던 시기는 더 이상 고통이 아닌, 우리를 멀리까지 오게 만든 소중한 경험이자 평생의 안줏거리가 되어 있을 것이다. 지금의 어려움은 우리를 멈추게 하는 것이 아니라, 앞으로 나아가게 하는 원동력이다.

> 심리 치트키) **행복했던 과거에 갇힌 당신에게**

1. **'일시적인 삶'의 본질 이해** 끝을 알 수 없는 고통과 불확실성에 갇혀 과거만 그리워하는 일시적인 삶을 살지 말고, 모든 고통은 언젠가 끝난다는 사실을 인지해야 한다.
2. **삶의 의미를 찾는 과제 완수** 시련을 '왜 나에게?'가 아닌, '나에게 무엇을 해낼 것인가?'라는 삶의 과제로 인식하고, 고통 속에서 성장의 의미를 찾아 현재를 완수해내야 한다.

감정의 파도에
휩쓸리지 않는 법

 늘 불안하고 초조해하는 사람과, 어떤 상황에서도 평정심을 유지하는 사람. 둘 중 어떤 사람이 더 매력적으로 느껴지느냐 묻는다면 많은 사람이 후자를 택할 것이다. 이들은 남의 시선에 쉽게 흔들리지 않고, 감정의 파도에 휩쓸리지 않는다. 이처럼 쉽게 흔들리지 않고 늘 침착한 사람들이 감정적으로 단단해지고 평온함을 유지하는 비결은 무엇일까?

부정의 시각화: 최악의 상황을 상상하라

 많은 사람들은 '행복'이라고 하면 늘 즐겁고 신나는 상태를 떠올린다. 좋아하는 사람과의 데이트, 성공적인 성과, 멋진 물건을 소유하는 것 등이다. 하지만 이런 '가짜 행복'은 우리를 더 불안하게 만들 수 있다. 왜냐하면 그 행복을 잃을까 봐 두려워하게 되기 때문이다.

 이때 우리는 한 가지 특별한 연습을 통해 이 불안감에서 벗어날 수 있다. 바로 '부정의 시각화'이다. 부정의 시각화는 자신에게 일어날 수 있는 가장 나쁜 상황을 미리 떠올려보는 것이다.

 "만약 남자친구가 나를 떠나면 어떻게 될까?"

 "만약 직장을 잃으면 어떻게 될까?"

 "만약 내가 지금 가진 것을 모두 잃게 되면 어떻게 될까?"

 이런 질문을 스스로에게 던져보는 것이다. 사람들은 흔히 이런 나쁜 일이 일어나면 인생이 완전히 무너질 것이라고 생각한다. 하지만 막연한 두려움 대신, 그 상황을 이성적으로, 그리고 구체적으로 떠올려보면 생각보다 별거 아닐 수 있다는 것을 깨닫게 된다.

"남자친구와 헤어지면 처음엔 힘들겠지만, 친구들의 도움을 받고 새로운 사람을 만날 기회도 생길 거야. 결국 시간이 지나면 괜찮아지겠지."

이렇게 최악의 상황을 미리 그려보면, 우리는 상실에 대한 막연한 두려움이 사실은 내가 스스로 키워온 감정일 뿐이라는 것을 알게 된다. 생각보다 최악의 상황은 극복 가능하며, 우리를 완전히 무너뜨리지 않는다. 이렇게 되면 우리는 '혹시나' 하는 불안감에 끌려다니는 대신, 지금의 행복을 더 온전히 즐길 수 있게 된다.

내면의 재잘거림: 생각과 나를 분리하는 연습

자기 줏대 없이 감정에 쉽게 휩쓸리는 사람들의 특징은 문득 떠오르는 내면의 소리를 '나 자신'과 동일시한다는 것이다. 머릿속에 떠오르는 온갖 생각들을 나의 진짜 감정이라고 착각하는 것이다.

예를 들어 친구가 내 남자친구에게 관심 있는 것 같다는 생각이 들 때, 감정에 휩쓸리는 사람은 '아, 정말 그럴지도 몰라! 나는 버림받을지도 몰라!'라고 생각하며 불안해한다. 하지만 침착한 사람들은 다르게 반응한다.

우리의 머릿속에서 끊임없이 떠오르는 생각들은 '재잘거림'과 같다. 가파른 절벽을 걷다 보면 '절대 떨어지면 안 돼'라는 생각과 동시에 '아래로 떨어지면 어떻게 될까?'라는 충동이 불쑥 떠오르듯이, 모든 생각이 우리의 진짜 의도나 본심은 아닐 수 있다.

따라서 마음이 평온한 사람들은 끊임없이 떠오르는 '생각'과 '나'를 의식적으로 분리하는 연습을 한다. 친구가 남자친구를 좋아하는 것 같다는 생각이 들면, 그 생각을 곧바로 믿고 불안해하는 대신 이렇게 말한다.

"아, 지금 내 머릿속에 이런 생각이 떠올랐구나."

"이 생각은 그냥 지나가는 재잘거림일 뿐이야."

이렇게 생각과 자신을 분리하여 객관적으로 바라보는 태도를 갖게 되면, 상황을 좀 더 차분하게 지켜보고 신중하게 판단할 수 있다. 감정의 파도에 휩쓸려 충동적인 행동을 하기보다, 한발 물러서서 상황을 파악하고 현명하게 대처할 수 있게 되는 것이다.

흔들리지 않는 평온함을 위하여

마음이 평온한 사람들은 막연한 불안감에 휩쓸리는 대신, 최악의 상황을 구체적으로 상상해본다. 그 상황이 생각보다 감당할 만하다는 것을 깨닫고, 불필요한 걱정에서 벗어난다.

머릿속에서 끊임없이 떠오르는 부정적인 생각들을 자신의 진짜 감정이라고 동일시하지 않는다. 그저 지나가는 재잘거림으로 여기고, 객관적으로 상황을 바라본다.

이 두 방법은 우리를 둘러싼 환경이나 타인의 시선에 쉽게 흔들리지 않고, 감정적으로 단단해질 수 있는 강력한 방법이다. 지금부터라도 이 두 가지를 연습하여, 늘 침착하고 평온한 사람이 되어보는 건 어떨까?

> **심리 치트키** 감정의 파도에 휩쓸리지 않는 비결
>
> 1. **부정의 시각화로 불안 해소** 일어날 수 있는 최악의 상황을 미리 구체적으로 상상하여 막연한 두려움 대신 극복 가능성을 인지하고, 지금의 행복에 온전히 집중한다.
> 2. **내면의 재잘거림(생각)과 나를 분리** 머릿속에 떠오르는 생각들을 '나 자신'과 동일시하지 않고 단순한 '재잘거림'으로 객관화한다.

감정에 휘둘리지 않는 사람들의 습관

 '강한 사람'이라고 하면 각자 떠오르는 이미지가 있을 것이다. 목소리가 크거나, 남을 윽박지르는 사람을 떠올릴 수도 있겠지만 진짜 강한 사람은 그런 사람이 아니다. 오히려 조용하고 차분한 태도로 상대를 압도하는 사람들이다. 이들은 겉으로는 착해 보이지만, 누구도 함부로 대할 수 없는 단단함을 지니고 있다. 조용하게 강한 사람, 어떻게 하면 더 이상 남에게 휘둘리지 않는 단단한 사람이 될 수 있을까.

두려움을 기회로 바꾸는 사람

우리는 새로운 일에 도전할 때 두려움을 느낀다. 이 두려움은 마치 길을 가로막는 장애물처럼 느껴지지만, 사실은 피해야 할 감정이 아니라 '지금 당장 행동해야 한다'는 강력한 신호다. 세계적인 세일즈 전문가이자 『10배의 법칙』의 저자인 그랜트 카돈은 이렇게 말한다. "그동안 두려움이라는 감정을 피하려고만 했다면, 이제는 두려움을 내가 당장 행동해야 할 신호로 받아들여라."

두려움이 느껴지면 사람들은 본능적으로 행동을 멈춘다. '아, 괜히 했다가 망하는 거 아닌가?' 하는 생각에 사로잡히는 것이다. 하지만 두려움은 '위험하니 멈춰라'가 아니라 '위험을 감수하고서라도 한 발짝 더 나아가야 할 때'라는 의미를 담고 있다. 배고픔이 느껴질 때 밥을 먹는 것처럼, 두려움이 느껴진다면 행동을 멈추지 말고 앞으로 나아가야 한다. 진짜 용기는 두렵지 않은 것이 아니라, 두렵더라도 앞으로 나아가는 것이다.

흔들리지 않는 평정심을 갖는 사람

 진정으로 강한 사람은 불안과 긴장 같은 감정을 억누르지 않고 역으로 이용할 줄 안다. 심리학에서는 이를 '역설 의도Paradoxical Intention'라고 한다. 내가 두려워하고 피하고 싶은 상황을 오히려 의도적으로 벌이려고 하는 것을 말한다. 이 방법은 빅터 프랭클의 '의미 치료Logotherapy'에 등장하는 개념으로, 극심한 불안 장애를 겪는 환자에게 "일부러 증상을 더 심하게 만들어보세요"라고 처방하여 효과를 본 사례에서 시작되었다.

 잠이 오지 않아 괴로운 밤, 억지로 잠을 자려고 애쓰다가 오히려 정신이 더 또렷해지는 경험이 있을 것이다. 침대에 누워 '빨리 자야 하는데……' 하고 초조해할수록 잠은 점점 더 멀어진다. 잠을 자야 한다는 강박이 오히려 우리를 깨어 있게 만드는 것이다. 이럴 때는 생각을 완전히 바꿔보는 역설적인 방법이 효과적일 수 있다. 잠을 자려는 노력을 멈추고, 오히려 최대한 깨어 있으려고 애쓰는 것이다. 눈을 크게 뜨고 '오늘은 밤새도록 깨어 있어야지!' 하고 마음먹는 것이다.

고등학교 시절, 시험공부를 하느라 밤을 새웠던 때를 떠올려보면, 시험 범위는 아직 다 보지 못했는데 자꾸만 쏟아지는 잠을 쫓아내기 위해 눈을 비비고 커피를 마셨던 기억이 난다. 바로 그때처럼, 잠을 이겨내려고 발버둥 쳤던 그 상황을 역이용하는 것이다. '무조건 깨어 있겠다'고 결심하는 순간, '잠들어야 한다'는 초조함과 압박감에서 벗어나게 되고, 신기하게도 잠을 이겨내려고 할 때보다 훨씬 더 편안해지고 우리 몸은 자연스럽게 휴식을 취하기 시작한다. 결국 깨어 있으려는 의도와는 반대로 스르르 잠이 들게 되는 것이다.

이처럼 내가 피하고 싶은 상황을 의도적으로 선택함으로써 심리적 부담감을 덜어내는 것을 역설 의도라고 한다. '어차피 실패할 거니까'라고 생각하면 긴장이 풀리듯, '어차피 실수할 거니까'라고 마음먹으면 오히려 실수를 덜 하게 된다.

진정한 강함은 긴장을 전혀 하지 않는 것이 아니다. 긴장될 때 '나는 절대 긴장하면 안 돼'라고 억지로 억누르는 대신, '그래, 그냥 더 긴장하자! 실수하면 어때?'라고 말하며 자신의 불안함을 있는 그대로 받아들이는 데 있다. 이처럼 자신의 부정적인 감정을 역이용할 줄 아는 사람이 진짜 강하고 평온한 사람이다.

착해도 만만하지 않은 사람이 되는 법

 착하지만 만만하게 보이지 않는 사람들은 자신의 감정에 흔들리지 않는 내면의 힘을 지니고 있다. 이들은 선을 넘는 질문에 당황하거나 화내지 않고 '일반론'으로 방어하는 지혜를 발휘한다. 예를 들어 "결혼은 언제 할 거야?"라는 무례한 질문에 "요즘은 다들 몇 살쯤에 결혼하는 게 평균인가요?"라고 되물으며 대화의 주도권을 가져온다.

 이렇게 대답하면 어떤 일이 벌어질까? 나의 개인적인 대답 대신 '보통 사람들은 어떨까?'라는 일반적인 질문으로 화제를 돌리면 사생활을 보호할 수 있고, 상대방에게 은연중에 '내 이야기는 하고 싶지 않다'는 메시지를 전달할 수 있다.

 상대방은 이런 질문을 받자마자 자신의 의견을 말해야 하는 입장이 된다. 그들의 대답을 듣고, 그들의 말에서 꼬투리를 잡아 새로운 주제로 대화를 유도할 수도 있다. 상대방의 질문에 끌려가는 대신, 내가 대화의 방향을 주도하게 되는 것이다. 결국 상대방은 자신이 던진 질문에 대해 스스로 설명하게 되면서, 당신에게 함부로 대할 수 없게 된다.

 감정에 휘둘리지 않는 단단한 사람은 외부의 압박이나 내

부의 불안함에 무너지지 않는다. 그들은 두려움을 회피하지 않고 '지금 움직여야 할 때'라는 신호로 삼아 앞으로 나아갈 용기를 지니고 있다. 또한 불안하거나 긴장될 때 억지로 참기보다 '그래, 그냥 더 긴장하자!'라고 받아들이면서 마음의 부담을 덜고 평온해지는 똑똑한 방법을 쓴다. 셋째, 남이 선을 넘는 질문을 했을 때 당황하거나 화내지 않고 모두에게 해당되는 일반적인 이야기로 되돌려 보내며 자기 자신을 지켜낸다. 이렇게 감정을 피하거나 숨기지 않으면서, 남의 말에 쉽게 흔들리지 않고 스스로 마음의 중심을 잡는 사람이 바로 진짜로 강한 사람이다.

> **심리 치트키** 감정에 휘둘리지 않는 습관
>
> 1. **두려움을 '행동해야 할 신호'로 전환** 두려움을 피하지 않고 '당장 행동해야 할 강력한 신호'로 받아들인다.
> 2. **'역설 의도'로 평정심 찾기** 불안이나 긴장을 억누르는 대신 오히려 의도적으로 증상을 심하게 만들려 함으로써 심리적 압박감에서 벗어난다.
> 3. **선의를 넘는 질문을 '일반론'으로 방어** 무례한 질문에 당황하지 않고 화제를 '일반적인 상황'으로 돌려 대화의 주도권을 가져옴으로써 사생활을 보호하고 만만하게 보이지 않는다.

5장 감정을 표현하는 단어 배우기

진짜 감정을 만나는
2가지 방법

 혹시 대화할 때 "짜증 나"나 "대박" 같은 말을 자주 쓴다면, 당신은 감정을 뭉뚱그려 표현하고 있을 가능성이 높다. 어휘력은 그 사람의 생각과 감정을 얼마나 섬세하게 표현하는지를 보여주는 중요한 능력이다. 어휘력이 부족하면 감정을 '짜증 난다' 같은 한두 가지 단어로 뭉뚱그려 말하게 되고, 결국 감정 자체를 제대로 이해하고 조절하는 것도 어려워진다. 일상 속에서 우리의 어휘력을 획기적으로 늘릴 수 있는 방법이 있을까?

"짜증 나" 금지

  소설가 김영하는 학생들에게 '짜증 난다'라는 말을 쓰지 못하게 했다고 한다. 왜 그랬을까? '짜증 난다'는 말 하나로 너무 많은 감정을 뭉뚱그려 표현할 수 있기 때문이다.

> 화가 날 때도 "아, 진짜 짜증 나!"
> 억울할 때도 "아, 너무 짜증 나!"
> 답답할 때도 "아, 진짜 짜증 나!"

  짜증 난다는 말은 정말 편리하다. 하지만 이 편리함 때문에 우리는 자신의 진짜 감정을 들여다볼 기회를 놓치게 된다.
  '짜증 난다'라는 말을 다른 단어로 바꿔 표현하는 연습을 해보자.

> 친구가 약속에 늦어서 화가 난다.
> 기껏 준비했는데 취소돼서 속상하다.
> 생각지도 못한 말에 황당했다.
> 기대가 컸는데 실망해서 서운하다.

이렇게 자신의 감정을 구체적인 단어로 표현하다 보면, '아, 지금 내가 느끼는 감정은 짜증이 아니라 서운함이었구나' 하고 정확하게 알게 된다. 이는 어휘력을 늘리는 동시에, 자신의 감정을 더 잘 이해하고 다스리는 데도 도움이 된다.

시그니처 어휘

주변 친구들 중에 유독 특이한 표현을 자주 쓰는 사람이 있다. 어떤 친구는 "야, 진짜 분했다!"라는 말을 자주 쓰고, 어떤 선배는 "자자, 게 눈 감추듯 먹자!"라는 말을 입에 달고 살 수도 있다.

이처럼 사람들은 저마다 평소에 자주 쓰는 '시그니처 어휘'를 가지고 있다. 다만 본인만 그 사실을 모를 뿐이다.

앞으로는 누군가와 대화할 때 '이 사람의 시그니처 어휘는 뭘까?' 하고 집중해보자. 상대방의 말에 귀 기울여 그 사람만의 특별한 단어나 표현을 찾아보고, 그것을 수집하고, 나중에 한 번 따라 해보는 것이다.

이 방법의 좋은 점은 단순히 어휘력만 늘려주는 게 아니라는 것이다. 상대방의 시그니처 어휘를 찾기 위해 말에 집중하다 보면 자연스럽게 경청하는 습관이 생긴다. 또 상대의 말투나 표현을 따라 하면 '거울 효과 Mirroring Effect'가 일어난다. 거울을 보는 것처럼 나를 따라 하는 상대에게 우리는 무의식적으로 호감을 느끼게 된다. 어휘력도 늘리고, 호감도와 친밀감까지 쌓을 수 있는 아주 좋은 방법이다.

'대박' 대신 '나만의 언어'로

어휘력이 좋은 사람을 만나면 왠지 모르게 그 사람이 더 똑똑하고 매력적으로 느껴지는 때도 있다. 어휘력은 단순히 말을 잘하는 기술이 아니다. 자신의 감정을 섬세하게 이해하고, 상대방과 더 깊이 소통하는 능력이다.

'짜증 난다'는 말을 다른 구체적인 감정 표현으로 바꿔보는 연습, 주변 사람들의 '시그니처 어휘'를 찾아내고, 수집하고, 따라 하기. 이 두 가지 습관만으로도 우리의 어휘력은 풍부해지고, 더 나아가 타인과 더 깊은 관계를 맺을 수 있는 힘을 얻게 될 것이다.

감정을 정확하게 파악하고 표현하는 능력은 자기 이해의 기본이 된다. 감정을 두루뭉술하게 '짜증'이나 '대박' 같은 단어로 묶어버리면, 정작 내가 무엇 때문에 힘들거나 기쁜지 알 수 없게 되고, 그 감정을 다스릴 기회조차 사라진다. 감정은 마치 물감과 같아서 다양한 색(구체적인 어휘)을 사용할수록 복잡한 그림(내면의 상태)을 정확하게 표현할 수 있다. 감정에 섬세한 언어를 사용하기 시작할 때, 우리는 비로소 나의 진짜 감정을 마주하고 감정의 주인이 되는 힘을 기르게 된다.

심리 치트키) 진짜 감정을 만나는 방법

1. **'짜증 나' 대신 구체적 감정 표현하기** '짜증 난다' 같은 뭉뚱그린 단어 대신 화, 서운함 등 진짜 감정을 구체적인 어휘로 표현하는 연습을 통해 감정을 섬세하게 이해하고 조절한다.
2. **상대방의 '시그니처 어휘' 수집 및 따라 하기** 대화 중 상대방의 특별한 단어와 표현에 집중하고 따라 함으로써 어휘력을 늘리는 동시에, 경청 습관과 호감도까지 높일 수 있다.

바다는 비가 와도 넘치지 않는다
: 세상을 넓게 보는 사람이
대화를 잘하는 이유

 대화를 나누다 보면 유독 인상 깊고, 쉽게 잊히지 않는 사람들이 있다. 이들은 단순히 말을 잘하는 것을 넘어, 세상을 바라보는 눈이 깊고 성숙해서 상대방에게 큰 울림을 주곤 한다. 사람의 마음을 사로잡는, 성숙한 관점을 가진 사람들의 특징은 무엇일까? 바로 이들이 상대의 복잡한 감정을 이해하고 인정해 주는 특별한 능력을 가졌다는 점이다.

줌렌즈 화법

　누군가를 성급하게 판단하고, 자신의 생각만이 전부라고 믿으며 말하고 있다면, 상대에게 부정적인 인상을 남기리 수 있다. 이렇게 세상을 좁은 시야로만 바라보면 대화의 폭 또한 좁아질 수밖에 없다.

　성숙한 관점을 가진 사람들은 세상을 마치 '줌렌즈'로 바라보듯 이야기한다. 줌렌즈는 멀리 있는 것을 가까이 당겨 찍는 '망원' 기능과, 넓은 풍경을 한눈에 담는 '광각' 기능을 모두 가지고 있다. 이들은 이 두 가지 시각을 자유자재로 오가며 이야기한다.

망원 렌즈처럼 가까이 들여다보는 시선

　망원 렌즈로 인물을 찍으면 배경은 흐려지고 인물이 선명하게 보인다. 이때 인물의 표정이나 눈빛, 미세한 감정까지 섬세하게 느낄 수 있다. 성숙한 사람들은 섣부른 판단 대신, 상대방의 상황을 더 깊이 들여다보려고 노력한다.

어떤 연예인이 거만하다고 소문이 난 경우에, 좁은 시야를 가진 사람들은 '역시 싸가지가 없네'라고 단정 짓지만, 성숙한 사람들은 이렇게 생각한다. '저 표정은 사실 불안함을 감추기 위한 가면일 수도 있지 않을까? 겉으로 보이는 모습이 전부는 아닐 거야. 지금 어떤 감정을 느끼고 있을까?'

광각 렌즈처럼 넓게 바라보는 시선

반대로 광각 렌즈로 인물을 찍으면, 배경이 선명하게 보여 인물을 둘러싼 환경에 더 집중하게 된다. 성숙한 사람들은 한 사람의 행동만 보지 않고, 그 행동을 둘러싼 배경과 상황까지 함께 고려한다.

연예인의 소문으로 다시 돌아가보면, 성숙한 사람들은 '혹시 저 연예인의 행동 뒤에 숨겨진 다른 압박이나 이유가 있진 않을까'라고 생각한다. 소속사와의 재계약, 끊임없는 악성 댓글, 주변의 무거운 기대 등 다양한 환경적 요인들이 그 사람의 행동에 영향을 미쳤을 거라고 이해하는 것이다.

같은 대상이라도 어떤 렌즈로 바라보느냐에 따라 의미가

달라지듯, 성급하게 단정 짓지 않고 다양한 시각으로 대상을 바라보는 것이 바로 줌렌즈 화법의 핵심이다.

양가적 함정

 사람의 마음은 참 알다가도 모를 때가 많다. 특히 예민한 사람의 마음은 더욱 그렇다. 우리는 왜 우리는 그렇게 이랬다저랬다 하는 걸까?

 그 이유는 인간이 원래 양가적 함정Ambivalent Trap에 빠지기 쉬운 존재이기 때문이다. 양가적 함정이란, '하고 싶지만 그럴 수 없다'는 서로 상반된 두 감정을 동시에 느끼는 딜레마에 빠진 상태를 말한다.

 '사람들의 오해를 풀기 위해 해명하고 싶지만, 괜히 나섰다가 더 욕먹을까 봐 침묵하고 싶다. 솔직하게 내 마음을 말하고 싶지만, 혹시 상처받을까 봐 숨기고 싶다.' 이런 감정은 마치 스프링과도 같다. 한쪽으로 강하게 밀어붙이면 오히려 반대쪽으로 강하게 튕겨 나간다. '왜 해명을 못 해? 그냥 말하면 되잖아!'라고 다그치면, 상대방은 오히려 더 강하게 침묵하려 할 수 있다.

성숙한 관점을 가진 사람들은 이 양가적 함정을 이해하고, 혼란스러워하는 상대방에게 이렇게 말해준다. "지금 해명하고 싶은 마음이랑 침묵하고 싶은 마음, 두 가지 감정이 모두 자연스러운 거 아닐까?" 이렇게 말해주면 상대방은 '아, 나만 그런 게 아니구나, 내 마음이 이상한 게 아니구나'라며 안도감을 느낀다.

누군가 내 마음을 있는 그대로 이해해주는 것만으로도 혼란스러웠던 감정의 스프링은 조금씩 펴지기 시작하고, 스스로 올바른 결정을 내릴 수 있는 힘을 얻게 된다.

사람의 마음을 얻는 성숙한 태도

대화만으로 사람의 마음을 얻는다는 것은 단순히 말을 잘하는 게 아니다. 섣부른 판단 대신, 다양한 시각으로 상대방을 이해하려 노력하는 것, 혼란스러워하는 상대방의 양가적 감정을 모두 인정하고 존중해주는 것이다.

이를 통해 상대방에게 '이 사람은 내 마음을 알아주는구나' 하는 깊은 신뢰를 심어줄 수 있다. 이처럼 상대방의 복잡한 감정을 이해하고 인정해주는 태도야말로, 진짜 성숙한 관점을 가진 사람들의 강력한 무기이다.

> 심리 치트키 **대화를 잘하게 되는 성숙한 특징**

1. **'줌렌즈 화법'으로 상대를 입체적으로 이해** 망원 렌즈처럼 개인의 미세한 감정을 깊이 들여다보고, 광각 렌즈처럼 그 사람을 둘러싼 환경적 배경까지 함께 고려하여 섣불리 판단하지 않는다.
2. **'양가적 감정'을 인정하여 안도감 제공** '하고 싶지만 그럴 수 없는' 등 상반된 감정을 동시에 느끼는 양가적 딜레마를 자연스러운 것으로 인정해준다.

미안해하지 않고
나를 지키는 단단한 마음

혹시 '착하다'는 말을 자주 듣는데도 인간관계에서 늘 상처받고 힘들어하고 있다면, 당신은 지금 '미숙한 착함'에 빠져 있을지도 모른다. 우리는 흔히 남의 부탁을 거절 못 하고, 늘 배려하는 사람을 '착하다'고 말하지만, 사실 이는 '미숙한 착함'일 수 있다.

친절에 대한 채무 관계

'미숙한 착함'을 가진 사람들은 인간관계를 일종의 거래라고 생각한다. 내가 A라는 친절을 베풀었으니, 상대방도 언젠가 B라는 친절로 보답해주길 기대하는 것이다. 이렇게 되면 친절은 '채무'가 된다. 상대가 내 기대를 채워주지 못하면 상처받고, 관계는 틀어지게 된다.

친구의 힘든 고민을 밤새도록 들어줬는데, 정작 내가 힘들 때 그 친구가 바쁘다며 연락을 피하면 어떤가. '나는 그렇게까지 해줬는데……'라는 생각에 서운함이 몰려온다. 이게 바로 친절의 채무 관계에 갇힌 상태다.

'성숙한 착함'을 가진 사람들은 친절을 채무 관계가 아닌 '스스로의 결정'으로 생각한다. 그들은 친절을 베풀 때, 보상을 기대하기보다 상대방을 위하는 행위 그 자체에 의미를 둔다. '내가 이 친구를 돕고 싶으니까 돕는 거야. 내 시간과 마음을 써서 이 친구가 힘을 얻는다면 그걸로 충분해.' 이렇게 되면 상대가 보답해주지 않아도 크게 서운해하지 않는다. 애초에 받을 것을 기대하고 준 것이 아니기 때문이다.

스스로의 내적 기준에 따라 친절을 베풀고, 그것을 베푸는 행위 자체에서 만족감을 얻는 것이 바로 성숙한 착함의 핵심이다.

상대방의 간섭에는 더 많은 간섭으로

살다 보면 상대방의 상황은 알지도 못하면서, 걱정이라는 명분으로 함부로 조언하고 간섭하는 사람들을 만날 수 있다. 이런 오지랖은 사실 자신이 상대보다 더 우월하다는 느낌을 받기 위해 하는 행동일 때가 많다.

보통 이런 간섭을 받으면 우리는 기분이 상하고 자존감이 낮아진다. 그 사람의 말을 무시하거나, 혹은 수동적으로 "네……" 하고 대답하는 경우가 많다. 하지만 이렇게 하면 상대방은 자신의 간섭이 통했다고 생각하고, 앞으로도 계속 당신의 삶을 평가하려 들 것이다.

이때 성숙한 사람들은 아주 영리한 방법을 사용한다. 바로 상대방의 간섭에 오히려 '더 많은 간섭'을 유도하는 것이다. "정말 좋은 조언인 것 같아요! 혹시 좀 더 자세히 설명해주실 수 있나요?" 이렇게 대답하면 어떤 일이 벌어질까?

섣부른 조언을 하려던 사람들은 갑작스러운 '자세한 설명' 요구에 당황하게 된다. 대부분의 경우, 그들의 조언은 생각보다 알맹이가 없는 경우가 많기 때문이다. 더 이상 내가 '평가받는' 대상이 아니라, 상대방의 조언을 '평가하는' 주체가 된다. 게다가 상대방은 일단 자신의 말을 충분히 들어줬다는 느낌을 받게 되면서, 더 이상 당신에게 간섭하려 들지 않게 된다.

결국 '더 많은 간섭 유도하기'는 상대방의 오지랖을 막는 동시에, 당신의 삶을 존중받는 강력한 방어 기술이 된다.

성숙한 태도로 자신을 지키는 법

미숙한 착함에 빠진 사람들이 가장 어려워하는 것은 거절이다. 거절을 하면 상대가 자신을 싫어할까 봐, 관계가 끊어질까 봐 두려워한다. 하지만 부탁을 거절하는 것과 관계 자체를 거절하는 것은 전혀 다른 일이다. '미안하지만 지금은 어려울 것 같아'라고 단호하게 말하는 대신, '네 상황은 충분히 이해해. 다만 지금은 내 사정 때문에 도와주기 힘들 것 같아. 혹시 (다른 방법이나 사람)은 알아봤니?'와 같이 말해보자. 거절의 이유를 구구절절 설명하며 변명할 필요도 없고, 상대에게 죄책감을 느낄 필요도 없다. 자신의 한계를 인정하고 명확하게 '아니오'라고 말하되, 상대방의 상황에 대한 공감과 대안 모색을 돕는 여지를 남긴다면 상대방은 당신의 거절을 '나를 싫어해서가 아니라, 진짜 상황이 안 되어서'라고 받아들이게 된다.

'어설프게 착한 사람'은 친절에 대한 보상을 바라며 상처받고, 남의 간섭에 무방비하게 노출되지만 '성숙하게 착한 사람'은 다르다. 당신의 감정을 보호하고, 인간관계에서 휘둘리지 않는 단단한 마음을 가질 수 있도록 자신만의 기준을 세우고 행동한다.

> 심리 치트키 **미안해하지 않고 나를 지키는 마음**

1. **친절을 '채무'가 아닌 '스스로의 결정'으로** 친절에 대한 보답을 기대하는 '미숙한 착함'에서 벗어나, 자발적인 친절 행위 자체에서 만족을 얻어 서운함 없이 자신을 지킨다.
2. **간섭에 '더 많은 간섭'으로 주도권 방어** 상대방의 섣부른 간섭에 수동적으로 끌려가지 않고 '좀 더 자세한 설명'을 요구하여, 대화의 주도권을 가져와 오지랖을 막는다.

자기 할 말 다 하면서도
미움받지 않는 법

 사람과 사람 사이의 관계는 대화를 통해 만들어진다. 하지만 때로는 가까운 사람과도 서로 다른 생각 때문에 깊은 갈등을 겪기도 한다. 특히 논쟁이 생길 때, 우리는 무심코 상대방을 깎아내리거나, 자신의 의견만을 내세우며 관계를 망치곤 한다.
 진정으로 성숙한 사람들은 대화를 '논쟁'이 아닌 '이해의 과정'으로 만든다. 자기 할 말 다 하면서도 타인과 잘 지내는 사람들은 무조건 상대방에게 맞춰주거나 자기주장만 고집하는 대신, 듣는 이의 감정을 고려하며 성숙하게 자신의 의견을 전달할 줄 안다.

반론할 때는 "물론"으로

 살면서 우리는 성향이 다른 사람들과 관계를 맺게 된다. 이들은 나와 생각하는 방식이나 가치관이 너무 달라서 때로는 갈등이 생기기도 한다. 특히 가까운 사이일수록 이런 갈등은 더 크게 느껴질 수 있다.

 친구가 "회사 생활이 너무 답답해서 프리랜서로 일하고 싶어"라고 말했을 때, 우리는 '프리랜서라고 꼭 자유로운 건 아닐 텐데'라는 생각이 들 수 있다. 이때 많은 사람이 무심코 "근데……"라는 말로 바로 반박을 시작한다.

 "근데 프리랜서가 마냥 자유로운 건 아니야. 오히려 일이 24시간 따라올 수도 있거든."

 이렇게 말하면 논리적으로 옳은 말일지 몰라도, 상대방은 자신의 생각이 무시당했다는 느낌을 받게 된다. 결국 대화하려는 의지를 잃고, "아, 그렇지"라고 형식적으로 대답한 뒤 대화를 끝내버릴 것이다.

 성숙한 사람들은 다르게 말한다. 그들은 상대방의 의견에 반론하기 전에 "물론……"이라는 말로 먼저 공감의 뜻을 표한다.

"물론 직장 생활이 자유롭지 못한 부분이 많긴 하지."

이렇게 말하면 어떤 일이 벌어질까? '물론'이라는 말은 '나와 의견이 다르더라도 네 생각이 충분히 이해가 된다'는 메시지를 전달합니다. 상대방은 자신의 의견이 존중받는다고 느끼기 때문에 방어적인 태도를 풀고, 당신의 의견을 더 열린 마음으로 듣게 된다.

그다음 '그래도'나 '혹시 이런 점도 생각해봤어?'와 같은 표현으로 부드럽게 자신의 의견을 덧붙이면 훨씬 더 효과적으로 대화를 이어갈 수 있다.

인식론적 관점

성향이 다른 두 사람이 대화하다 보면 종종 의견이 충돌해 말다툼을 벌이게 된다. 예를 들어 한 사람은 'AI 때문에 예술은 이제 비전이 없다'고 주장하고, 다른 한 사람은 '예술의 영역은 AI가 완전히 대체할 수 없다'고 주장한다고 생각해보자.

이런 논쟁에서 대부분의 사람들은 서로 '무엇이 옳은가'라는 결론에만 집중한다. 하지만 진정한 어른들은 결론에 집중하기보다 상대방이 '어떻게 그런 생각을 하게 되었는지'에 집중한다. 이것을 '인식론적 관점Epistemological Perspective'이라고 한다.

상대방이 '인간이 살아가는 한 예술은 존재한다'고 말했을 때, 단순히 그 말이 맞는지 틀리는지를 따지기보다 이렇게 질문하는 것이다.

> "네가 그렇게 생각하는 이유가 뭔지 물어봐도 돼?"
> "혹시 그런 생각을 하게 된 특별한 경험이 있어?"

이렇게 질문하면 대화의 초점은 누가 옳고 그른가에서 우리가 서로를 어떻게 이해할 수 있는가로 옮겨 간다. 상대방은 자신의 신념을 설명하면서 자신의 경험과 감정을 공유하게 되고, 우리는 그 과정을 통해 상대방을 더 깊이 이해하게 된다.

말다툼은 서로의 옳고 그름을 가리는 싸움이 아니라, 서로의 다름을 이해하는 과정이 된다. 성숙한 대화는 무조건 상대를 이기려 하기보다, 상대방의 마음을 이해하려 노력하는 태도에서 시작된다.

성숙한 대화가 관계를 만든다

 자기 할 말 다 하면서도 관계를 지키는 사람은 말을 잘하는 기술이 아니라 상대방의 감정을 존중하는 태도를 지니고 있다. 대화는 단순히 기술이 아니라, 상대방을 존중하고 이해하는 성숙한 태도이다.

 자신과 다른 의견을 가진 사람과도 잘 지내고 싶다면 먼저 상대방의 관점을 이해하려는 노력이 필요하다. 상대방의 주장이 아닌 '그 주장을 하게 된 이유'에 귀 기울여보자. 먼저 공감하고 그다음에 자신의 의견을 덧붙인다면, 갈등을 줄이고 더 깊이 있는 대화를 나눌 수 있을 것이다. 이 모든 것은 단순히 논쟁에서 이기기 위함이 아니라, 서로의 다름을 이해하고 건강한 경계를 세우며 함께 성장하기 위한 노력이다. 상대방을 이기려 하기보다 이해하려 할 때 비로소 단단하면서도 따뜻한 소통을 할 수 있게 될 것이다.

 갈등은 관계가 끝났다는 신호가 아니라, 더 깊은 수준의 이해가 필요하다는 신호다. 갈등이 생기면 화를 내거나 도망쳐서 관계를 망치는 대신, 같이 문제를 풀어나갈 방법을 찾는 기회로 만들자. 이렇게 갈등을 대하는 태도가 그 관계를 더 좋게 만들지 나쁘게 만들지 결정한다. 내 생각은 확실히 말하되 상대와 함께 더 좋은 방향으로 가려는 마음을 보여줄 때, 더 튼튼한 관계를 만들 수 있다.

> 🧠 **심리 치트키** **자기 할 말 다 하면서도 미움받지 않는 대화법**
>
> 1. **반론할 때 '물론'으로 공감 선행** 상대 의견에 곧바로 반박하기보다 '물론'이라는 말로 먼저 공감과 존중을 표하여 상대의 방어적인 태도를 풀게 한다.
> 2. **'인식론적 관점'으로 상대 이해** 논쟁의 결론(무엇이 옳은가) 대신 상대방이 '어떻게 그런 생각을 하게 되었는지' 그 이유와 경험에 집중하여 대화를 옳고 그름의 싸움이 아닌 이해의 과정으로 만든다.

6장 감정, 내적으로 해결하기

과거에 얽매이지 않는
사람들의 비밀

떠나간 이에 대한 미련, 아깝게 놓쳐버린 성공 기회……. 우리는 도대체 지나간 과거에 왜 이리도 얽매이는 걸까? 후회와 미련 없이 꾸준히 발전하고 성장하는 사람이 되려면 어떻게 해야 할까?

> ✳ **끝나지 않은 사랑과 꿈** ✳
>
> 공허한 모닝콜 소리에 눈을 뜬 시우는 반쯤 감긴 눈으로 휴대폰을 들어 혜정의 메신저 프로필 사진부터 확인한다. 밝게 웃고 있는 그녀의 사진을 보며 개운치 못한 하루가 시작된다. 그의 방 한

쪽에는 빈 소주병들이 쌓여 있었다.

레스토랑 매니저로 일하는 시우는 피곤한 눈으로 예약자 명단을 확인한다. 그의 손가락에는 여전히 반지가 끼워져 있다.

서빙 알바생인 왕대와 히진이 속삭였다.

"매니저 형 지금 여자친구 없는데 그냥 커플링만 끼고 다니는 거 아냐?"

"아니 굳이 왜?"

"몰라. 형 말로는 손가락에 살쪄서 안 빠진다는데, 솔직히 전 여자친구 못 잊는 거겠지."

왕대의 말을 들은 히진은 먼발치에서 시우를 가만히 바라보았다.

미련을 끊어내는 '자이가르니크 효과'

떠나간 이에 대한 미련이든, 놓친 성공 기회에 대한 아쉬움이든 '그때 내가 이렇게 했더라면 어땠을까?' 후회해본 일이 있을 것이다.

인간이 미련을 쉽게 버리지 못하는 이유는 바로 '자이가르니크 효과 Zeigarnik Effect' 때문일 가능성이 크다. 자이가르니크 효과란 제대로 끝맺지 못한 일은 내면에 긴장감을 일으켜 오래도록 기억에 남는 심리이다.

예를 들어 숙련된 웨이터는 아무리 복잡한 주문이라도 실수 없이 모두 기억할 수 있지만 포스기에 주문 접수를 완료하면, 그 기억은 금방 잊혀지고 만다. 더 이상 기억할 필요가 없기 때문이다.

골방에서 홀로 소주를 마시며 혜정의 사진첩을 보는 시우처럼, 아직 마무리 짓지 못한 사랑이나, 이루지도 놓지도 못한 꿈에 대한 미련은 사람을 얽매이게 한다. 아직 제대로 마침표를 찍지 못했기 때문이다.

싱가포르 국립대학의 리시우핑 Li Xiuping 교수팀은 흥미로운 실험을 진행했다. 실험 참여자들에게 최근 겪은 가슴 아픈 이별 이야기를 글로 적게 한 다음, 한 그룹(A)에겐 그대로 제출하게 했고, 다른 그룹(B)에겐 봉투에 넣어 밀봉한 다음 제출하도록 한 것이다. 그 결과, 봉투에 넣어 밀봉한 B그룹이 아픈 기억을 좀 더 긍정적으로 평가했다. 가슴 아픈 이별담을 단순히 봉투에 넣는 사소한 행동을 하는 것만으로도, 심리적 차원에서 과거의 문제에 마침표를 찍고 새출발 한다는 사실을 스스로에게 선언하는 의미가 되어 미련을 버리는 데 큰 도움이 되었던 것이다.

그렇기 때문에 떠나간 이에 대한 미련이든, 아직 못다 이룬 꿈에 대한 아쉬움이든, 이젠 더 이상 이어갈 수 없음을 인정하고 새출발 한다는 사실을 스스로에게 선언하는 심리적 차원의 마침표를 찍어줄 필요가 있다.

✽ 무너지는 금주 다짐 ✽

시우의 휴대폰 바탕화면에는 '더 이상 술에 의존하지 않겠다'는 각오가 적혀 있었지만, 그는 공허한 눈빛으로 소주를 바라보며 내적 갈등에 빠졌다. 다짐은 누구나 쉽게 하지만, 예전의 모습으로 너무나도 쉽게 돌아가 버리는 것이 문제였다.

삼겹살집에서 시우, 왕대, 히진이 소소하게 회식을 하고 있었다. 시우의 손가락에는 여전히 선명한 반지 자국이 남아 있었다. "반지 빼니까 이렇게 자국이 남은 거예요? 신기하다. 아직 반지 끼고 있는 거 같아요." 왕대와 히진이 놀리듯 말하자, 시우는 괜히 민망한 표정을 지었다.

그때 왕대가 시우의 술잔에 소주를 따르며 물었다. "그럼 이참에 기념으로 저희 다 같이 건배 한번 할까요?"

시우는 난감한 얼굴로 대답했다. "난 금주 중이라 좀 그런데…… 그럼 진짜 딱 한 잔만 할까?" 결국 그의 다짐은 허무하게 무너지고 말았다.

유연한 '상위 목표와 하위 목표' 설정

목표를 이루기 위해 굳게 다짐했건만, 굳은 다짐이 그토록 쉽게 무너지는 이유는 아주 작은 어긋남들이 균열을 만들기 때문이다. 별것 아닌 작은 유혹, 그 사소한 어긋남들이 결국엔 굳게 다짐했던 목표를 무너뜨리고 만다.

성장하는 사람들은 이러한 문제를 극복하기 위해 '상위 목표'와 '하위 목표'를 설정하여 유연성을 키운다. 단 한 가지의 상위 목표 아래, 다수의 하위 목표를 두는 방법이다. 상위 목표를 달성하기 위한 하위 목표는 언제든 교체될 수 있다. 일단 시도해봤는데 안 되면 더 효율적인 수단을 찾을 때까지 계속해서 다른 하위 목표를 설정하면 된다.

작은 어긋남들에 좌절하며 모든 걸 포기할 필요가 없다. 한 가지의 하위 목표가 무너져도 전체가 망가지는 게 아니기 때문이다. 상위 목표(미련 없는 새 출발)를 향해 나아가는 과정에서 하위 목표(반지 끼는 습관)는 얼마든지 유연하게 대체될 수 있다.

방황하더라도 결국엔 성장하는 사람은 첫째, '자이가르니크 효과'를 인지하고 지나간 미련에 대해 심리적인 마침표를 찍을 줄 안다. 둘째, 상위 목표와 하위 목표를 유연하게 설정하여 작은 좌절에도 전체를 포기하지 않는 끈기를 가진다. 우리를 얽매는 미련이나 무너지기 쉬운 다짐이 있다면, 이러한 특징들을 통해 과거에 얽매이지 않고 꾸준히 발전하며 성장할 수 있을 것이다.

> 🧠 심리 치트키   **과거에 얽매이지 않는 법**
>
> 1. **'자이가르니크 효과' 인지 및 심리적 마침표 찍기** 제대로 끝맺지 못한 일에 미련이 남는 '자이가르니크 효과'를 인지하고, 심리적 선언을 통해 미련을 끊어낸다.
> 2. **유연한 '상위/하위 목표' 설정** 하나의 상위 목표 아래 유연한 다수의 하위 목표를 두어, 작은 좌절이나 다짐의 붕괴에도 전체를 포기하지 않고 꾸준히 성장하는 끈기를 가진다.

자신감도 감정이다
: 결국 성공하는 사람들의 비밀

결국 성공하는 사람들의 공통점은 바로 언제나 자신감을 잃지 않는 것이다. 인생의 성공 확률을 높이는 실전 자신감 생성법을 알아보자.

5초 만에 자신감 키우기

"행복해서 웃는 게 아니라, 웃어서 행복한 것이다"라는 말을 들어보았을 것이다. 우리의 뇌는 일단 어떤 행동을 하면 그에 따른 감정을 느낀다고 한다.

원래 자신감이 넘치는 모델들도 억지로 굽은 자세를 취하게 하면 자연스럽게 자신감이 떨어진다. 반대로 평소 자신감이 부족한 사람일지라도 일단 가슴 펴고 당당하게 몸을 펴는 자세를 하면 은연중에 자신감이 생긴다. 그러니 평소에 틈틈이 자세 교정을 하여 당당하고 바른 자세를 유지하면 좋다.

지금 당장 자신감이 필요한 상황이라면 어떻게 해야 할까? 그때 특효약이 되는 '5초 자신감 생성법'이 있다. 5초 만에 자신감을 얻는 방법은 생각보다 간단하다. 두 주먹을 꽉 쥐는 게 전부다. 포르투갈 리스본 대학의 심리학자 토마스 슈베르트Thomas Schubert 교수는 단순히 주먹을 쥐는 것만으로 한 사람의 자신감 정도가 어떻게 달라지는지를 측정하는 실험을 진행했다. 그 결과, 잠깐 두 주먹을 꼭 쥐고 있던 것만으로도 실제로 피실험자의 자신감 정도가 급격하게 상승했다고 한다.

> ✻ **왕대의 공개 고백** ✻
>
> 꽃다발을 히진에게 내밀며 왕대가 말했다. "저기 히진아, 나 사실 너 정말 많이 좋아해. 내 여자친구가 되어줄래?"

> 학교 복도에서 공개 고백이 벌어지자 주변은 금세 웅성거림으로 가득 찼다. "와, 왕대 뭐야? 공개 고백이 아니라 공개 처형 아님? 진짜 나 이런 거 처음 봐. 소름 돋아. 왕대 상남자네! 이 정도면 학폭 아니냐?"
> 히진은 어이없는 표정으로 왕대를 바라봤다.

'매몰 비용 효과'를 극복하는 자세

자신감이 있다고 무조건 다 성공하는 건 아니다. 하지만 결국 성공하는 사람들은 항상 자신감을 잃지 않았다.

자신감 있게 행동해도 실패하는 경우가 다반사다. 그리고 이런 상황에서 현명하지 못한 사람은 '만약'이라는 말로 과거 행동을 후회하는 데 많은 시간을 허비한다.

하지만 후회해봤자 달라지는 건 없다. 이런 순간에 가장 현명한 대처법은 현실을 깔끔하게 인정하는 것이다. "그래. 이건 이미 엎질러진 물이야." 그러고는 '다음에는'이라는 말로 과거가 아닌 미래로 초점을 옮기면 된다. 왜냐하면 끝날 때까진 끝난 게 아니기 때문이다.

이러한 태도를 갖춘 사람들은 과거에 쏟아부은 시간이나 노력 때문에 미련을 버리지 못하고 잘못된 결정에 묶여 있는 '매몰 비용 효과'에서 벗어날 수 있다. 실패를 하더라도 그것을 새로운 시작의 발판으로 삼는 것이다. 이러한 자신감과 회복탄력성 덕분에 이들은 어떤 어려움 속에서도 결국 성공의 길을 찾아낸다.

✻ '만약'에 갇힌 왕대 ✻

히진은 울먹이며 "누군가를 좋아한다는 사실이…… 그 사람한테는 상처가 될 수도 있어"라고 말하며 자리를 떴고, 꽃다발은 복도 바닥에 떨어졌다.
왕대는 중얼거렸다. "망했다……."
넋이 나간 왕대는 PC방에서 동헌에게 계속 말했다.
"만약 내가 조용히 따로 고백했으면 괜찮았을까?"
"그럼 조용히 따로 망했겠지."
"만약 내가 카톡으로 고백했으면 어땠을까?"
"비대면으로 망했겠지."
"아…… 진짜 만약에 정말 내가 만약……."
지친 동헌이 퉁명스럽게 말했다. "또 뭘 하려고? 그냥 가만히 좀 있어라. 넌 어차피 안 돼. 네가 좋아하는 마음이 히진이한테는 상처라잖아. 그냥 포기해."

하지만 왕대는 굽히지 않았다. '당장은 아니라도 나는 히진이랑 꼭 사귈 거야. 다음에는…….' 그는 안경을 벗고 머리를 정리하며, 살을 빼기 위해 운동도 할 것이다. 전신 거울 앞에 서서 꼿꼿하게 자신감 있는 포즈를 취한 왕대는 생각했다. "내가 좋아하는 마음이 상처가 안 되게 하면 되지 않아?"

심리 치트키 결국에는 성공하는 비결

1. **5초 만에 자신감 키우기** 바른 자세를 유지하고 두 주먹을 꽉 쥐는 것처럼 행동을 통해 뇌에 자신감 감정을 주입하여 스스로 자신감을 생성한다.
2. **'매몰 비용 효과' 극복과 미래 초점** 실패를 현실로 깔끔하게 인정하고 과거에 쏟은 노력에 얽매이는 '매몰 비용 효과'에서 벗어나, '다음에는'이라는 말로 미래에 초점을 맞추고 회복탄력성을 키운다.

감정의 소용돌이에서
벗어나는 법

 살다 보면 예상치 못한 감정의 소용돌이에 휩싸이거나, 중요한 순간에 극심한 긴장감으로 얼어붙는 경험을 할 때가 있다. 화가 나서 눈물이 솟구치거나, 많은 사람 앞에서 떨림을 주체할 수 없을 때는 어떻게 해야 할까? 신경학적 원리와 심리학적 기법을 활용하여, 이러한 위기 상황에서도 침착하고 당당하게 자신의 감정을 다스리고 자신감을 표현할 수 있는 효과적인 방법이 있다. 이 비법들을 익힌다면 어떤 상황에서도 흔들리지 않는 단단한 내면을 가질 수 있을 것이다.

'역설 의도' 활용하기

화가 나서 눈물이 터져 나올 것 같거나, 어떤 상황에서든 감정이 격해질 때가 있다. 이럴 때 우리는 보통 '울지 말아야지, 화내지 말아야지' 하며 감정을 억누르려 노력한다. 하지만 역설적으로, 무언가를 참으려 할수록 그 감정은 더욱 커지는 경향이 있다. 마치 웃음을 참으려 할수록 더 웃긴 것처럼 말이다.

이런 상황에서 활용할 수 있는 것이 신경학자 빅터 프랭클이 창시한 '역설 의도Paradoxical Intention'라는 심리학 기법이다. 역설 의도란 자신이 걱정하는 것을 오히려 적극적으로 추구함으로써, 그 걱정의 부담감을 해소하고 문제를 극복하는 방법이다. 즉 화가 나서 눈물이 날 것 같을 때 억지로 참으려 하지 말고, 오히려 '그래, 그냥 시원하게 한번 울어버리자!' 하고 마음먹는 것이다. 이렇게 '울어도 괜찮다'는 마음을 편안하게 가지면, 거짓말처럼 눈물이 멈추거나 감정이 진정되는 경험을 할 수 있다. 감정을 억압하는 대신 허용함으로써, 오히려 감정에 대한 통제력을 되찾는 것이다. 이 방법은 감정적인 압도감을 느낄 때 효과적으로 자신을 진정시키는 데 도움을 준다.

'나의 방아쇠' 파악하기

화가 나는 순간, 우리는 종종 감정에 휩쓸려 충동적인 반응을 보인다. 하지만 이러한 감정 폭발을 예방하고 보다 이성적으로 대응하기 위한 첫걸음은 바로 자신만의 '방아쇠', 쉽게 말해 내 '발작 버튼'이 무엇인지 정확히 파악하는 것이다.

'나의 방아쇠'란 평소 내가 어떤 특정 상황이나 행동, 말에 유독 쉽게 화를 내는지를 아는 것이다. 예를 들어 '초면에 반말하기'가 나의 방아쇠라면, 누군가 처음 만난 사람이 반말을 했을 때 단순히 화를 내는 것이 아니라 '아, 이 사람이 지금 나의 방아쇠를 당겼구나' 하고 인지할 수 있다. 이렇게 미리 나를 화나게 만드는 요인을 알고 있으면, 감정이 폭발하기 전에 한 번 더 생각하고 대응할 수 있는 여유가 생긴다. 단순히 '갑자기 울컥해서 화가 난다'고 느끼는 것보다 훨씬 이성적으로 상황을 판단하고 감정을 컨트롤하는 데 도움이 된다. 나를 화나게 하는 요인들을 미리 알고 대비하면 감정적인 충돌을 줄이고 스스로를 보호할 수 있다.

'심호흡' 하기

화가 나거나 긴장될 때 가장 뻔하지만 가장 효과적인 방법은 바로 심호흡이다. 격렬한 감정 속에서 심호흡을 하면, 우리 몸을 진정 상태로 유지해주는 부교감 신경이 활성화된다. 쉽게 말해 심호흡은 세상에서 가장 값싸고 빠르고 간편한 신경 안정제인 셈이다.

상대에게 말을 하거나 중요한 발표를 하기 직전에 딱 10번만 심호흡을 해보자. 깊게 숨을 들이쉬고 천천히 내쉬는 과정을 반복하면, 격해졌던 마음이 차분하게 가라앉는 것을 느낄 수 있을 것이다. 화가 날 때 심호흡을 통해 잠시 멈추고 자신을 진정시키는 시간을 가지면, 감정에 휩쓸리지 않고 차분하게 자신의 의견을 전달할 수 있다.

상대방의 주장에 대해 즉각적으로 반박하거나 감정적으로 맞서기 전에 '의도적인 여백'을 두어보자. 이 짧은 순간은 흥

분된 감정이 논리적인 생각으로 전환될 수 있는 귀중한 시간이다. 숨을 한 번 고르고, '내가 지금 무슨 말을 하려 했지? 이 말을 했을 때 상대방은 어떻게 느낄까?'를 빠르게 점검할 수 있다. 심호흡의 여유를 가지는 습관은 대화가 감정적으로 폭발하는 것을 막아줄 뿐만 아니라, 말을 훨씬 더 신중하고 성숙해 보이게 할 것이다.

면접이나 프레젠테이션처럼 많은 사람이 지켜보는 자리에서 긴장될 때도 심호흡은 마음의 안정을 찾고 떨림을 줄이는 데 큰 도움이 된다. 이 단순한 행동이 감정적인 균형을 되찾는 데 놀라운 효과를 발휘한다.

뇌를 속여 자신감 얻기

면접이나 프레젠테이션처럼 중요한 자리에서 많은 사람의 시선이 집중될 때면 누구라도 떨리고 긴장되기 마련이다. 하지만 이러한 상황에서도 떨지 않고 자신감 있게 말할 수 있는 비법이 있다. 바로 '일인칭'과 '삼인칭' 시점을 활용한 이미지 트레이닝이다.

우리 뇌는 특정 행동을 상상하는 것만으로도 그 행동을 실제로 할 때와 똑같은 신경 회로를 활성화시킨다. 발표하는 모습을 상상하는 것만으로도 뇌는 실제로 발표하는 상황과 크게 구분하지 못한다는 의미이다. 운전도 처음 할 때는 긴장되지만 계속하다 보면 익숙해지는 것처럼, 긴장되는 상황도 자주 경험할수록 훨씬 편안해진다. 이미지 트레이닝은 이러한 '경험'을 가상으로 제공하여 실제 상황에서의 긴장감을 줄이고 자신감을 높여준다.

그런데 왜 일인칭과 삼인칭 시점을 같이 해야 할까? 일인칭 시점은 마치 내가 직접 그 상황에 있는 것처럼 상상하는 것이다. 발표를 하는 나의 눈으로 강단과 청중을 바라보고, 나의 목소리를 듣는 것처럼 생생하게 상상한다. 이렇게 하면 그 상황에서 내가 느낄 긴장감과 떨림 등의 감정들을 미리 파악할 수 있다. 삼인칭 시점은 관중석에 앉아서 내가 발표하는 모습을 바라보는 것처럼 상상하는 것이다. 나의 표정, 제스처, 목소리 톤 등을 객관적으로 관찰하며, 청중의 반응까지 예상해볼 수 있다.

이 두 가지 시점을 함께 활용하면, 뇌는 실제 상황처럼 인식하여 긴장감을 줄이고 자신감을 크게 향상시킬 수 있다.

사람들 앞에서 말을 해야 하는 중요한 순간이 다가온다면, 일인칭과 삼인칭 이미지 트레이닝을 꼭 해보자. 실제처럼 생생하게 상상하는 것만으로도 자신감은 크게 향상된다.

> **심리 치트키** 감정의 소용돌이에서 벗어나는 4가지 방법
>
> 1. **'역설 의도'로 감정 허용하기** 화나 눈물을 억지로 참으려 하지 않고 오히려 '울어도 괜찮다'고 허용함으로써, 감정에 대한 통제력을 되찾고 진정시킨다.
> 2. **'나의 방아쇠' 파악하기** 나를 쉽게 화나게 만드는 특정 상황, 행동, 말(발작 버튼)이 무엇인지 미리 파악한다.
> 3. **'심호흡'으로 부교감 신경 활성화** 화나 긴장될 때 깊고 천천히 10번 심호흡하여 부교감 신경을 활성화시킨다.
> 4. **'인칭 이미지 트레이닝'으로 뇌 속이기** 내가 직접 발표하는(일인칭) 것과 청중이 나를 보는(삼인칭) 시점을 번갈아 상상하여 가상 경험을 뇌에 제공한다.

용기가 없어
사랑을 놓치는 당신에게

 누군가에게 마음이 있어도 좀처럼 다가서지 못하고 망설인 적은 누구에게나 있을 것이다. 살면서 여러 사람에게 호감을 느끼지만, 막상 그 마음을 표현하려고 하면 용기가 나지 않아 포기하는 경우가 많다. 지레 겁먹고 망설이지 않고 용기 있게 행동하려면 어떻게 해야 할까? 왜 우리는 호감 가는 상대에게 쉽게 다가가지 못하는지, 그리고 어떻게 하면 용기를 내어 한 발짝 나아갈 수 있는지 알아보자.

자신과 거리 두기 Self-distancing

 갑자기 백텀블링을 해보라면 할 수 있을까? 아마도 못 할 것이다. 왜냐면 백텀블링은 그냥 어려운 동작이기 때문이다. 우리는 종종 '누군가에게 다가가는 것'을 엄청나게 어려운 일로 여긴다. 백텀블링처럼 특별한 기술이 필요한 것처럼 생각한다. 하지만 사실 누군가에게 말을 거는 것은 그리 대단한 일이 아니다. 그럼에도 왜 그렇게 망설이게 될까? 그 이유는 바로 상처받을 용기가 없기 때문이다. 상대방이 나를 불편해하거나, 내 마음을 거절할까 봐 지레 겁을 먹고 아무런 행동도 하지 못하게 되는 것이다.

 우리는 상대방의 반응을 미리 걱정하며 상처받을까 봐 두려워한다. 이러한 두려움 때문에 어떤 행동도 하지 못하고 마음속으로만 끙끙 앓게 된다. 하지만 이러한 두려움을 극복하고 자신감을 되찾아 일단 행동할 수 있는 방법이 있다. 바로 '자기 자신과 거리 두기 Self-distancing'이다. 자기 자신을 일인칭(나)이 아닌 삼인칭(그)으로 생각하고 지지하는 방식이다.

 미시간 대학의 이선 크로스 Ethan Kross 교수팀은 흥미로운 실험을 진행했다. 실험 참가자들에게 연설문을 발표하게 한 다음, 한 그룹에겐 주어를 '나'라는 일인칭으로 쓰도록 했고, 다른 그룹에게는 자신의 이름을 삼인칭 주어로 쓰도록 했다. 그 결과, 삼인칭을 사용한 그룹이 연설을 더 훌륭하게 마쳤고, 불안감도 덜 느꼈다고 답했다. 뇌 스캔 결과도 훨씬 더 안정된 상태를 유지했다. 자기 자신을 제삼자로 여기는 화법을 사용하는 것만으로도 냉정을 찾는 데 필요한 심리적 거리를 확보할 수 있었기 때문이다. 이렇게 자신을 객관적으로 바라보면서 응원하면, 감정적으로 흔들리지 않고 더 침착하게 상황에 대처할 수 있게 된다.

상대방을 배려하는 완곡한 질문

호감 가는 상대와 가까워지고 싶지만 쉽게 다가가지 못하는 또 다른 이유는 상대방이 혹시라도 불편해할까 봐 조심스럽기 때문이다. 너무 개인적인 질문을 던졌다가 상대방이 부담을 느끼거나 불쾌해할까 봐 걱정이 되기도 한다. 아직 충분히 가까워지지 않은 사이에 이런 질문은 상대방에게 부담을 줄 수 있기 때문이다.

이럴 때 사용할 수 있는 방법이 바로 '완곡한 질문'이다. 예를 들어 '집이 어디예요?' 대신 '집이 어디 쪽이세요?'처럼 표현을 조금 더 부드럽게 바꾸어서 질문하면 상대방은 몇 가지 선택지를 가질 수 있어 훨씬 편안함을 느낀다. '저는 저기 호계사거리 쪽에 살아요.'처럼 대략적으로만 대답할 수도 있고, 아니면 '그럼 님은 어디 쪽에 사시는데요?'라고 되물으며 대화를 이어갈 수도 있다. 이렇게 상대방이 편안함을 느끼도록 유도하면, 대화는 자연스럽게 이어지고 서로에게 더 가까이 다가갈 수 있는 계기가 마련된다.

완곡한 질문은 상대방에게 선택의 폭을 넓혀주어 부담을 덜어준다. 상대방이 원한다면 구체적인 정보를 알려줄 수도 있고, 그렇지 않다면 대략적인 답변으로 대화를 이어나갈 수도 있다. 서로에 대한 배려를 보여주는 동시에 자연스러운 관계 발전을 유도하는 효과적인 방법이다.

행동하지 않으면 아무것도 변하지 않는다

우리는 누군가에게 다가가기 위해 꽤 그럴듯한 '명분'을 만들곤 한다. 하지만 아무리 좋은 명분을 가지고 있더라도, 말하지 않고 표현하지 않으면 아무런 드라마도 시작될 수 없다. 때로는 예상치 못한 새드엔딩을 맞이할 수도 있다. 하지만 그렇다고 해서 아무런 시도조차 하지 않는다면, 우리는 영원히 그 관계의 가능성을 알 수 없을 것이다.

용기가 없어 다가서지 못하는 가장 큰 이유는 상대의 거절을 '나의 가치에 대한 평가'로 착각하기 때문이다. 상대가 내 호의를 거절하면, '나는 매력이 없나? 내가 부족해서 거절당했나?'라고 생각하며 자존감에 상처를 입는다. 하지만 상대방의 거절은 우리의 가치나 매력과는 아무런 상관이 없을 때가 많다. 상대방에게는 이미 다른 중요한 사람이 있거나, 지금은 연애를 하고 싶지 않거나, 단지 '친구 이상의 관계'로 발전할 생각이 없는 것일 뿐이다. 거절을 개인적인 실패로 받아들이지 않고, '나는 할 일을 했고, 상대의 선택을 존중한다'는 성숙한 태도를 가질 때, 상처받을 두려움에서 벗어나 용기 있게 다가설 수 있다.

호감 가는 상대에게 표현하는 것은 어쩌면 실패로 끝날 수도 있는 위험한 일이다. 하지만 동시에 새로운 관계의 문을 열 수 있는 유일한 방법이기도 하다. 설령 거절당하더라도,

어떤 식으로든 결말이 있어야 우리는 다음 단계로 나아갈 수 있다. 미련을 남기지 않고, 새로운 드라마를 시작할 수 있는 발판을 마련하는 것이다.

그러니 이제는 용기를 내어 한 번쯤 표현해보는 건 어떨까? 비록 원하는 결과를 얻지 못하더라도, 최소한 '뭐라도 결말이 있어야 새로운 드라마가 시작'될 테니 말이다. 용기 없는 마음이 당신의 드라마를 멈추게 하지 않도록, 일단 한 걸음 내디뎌보자.

> **심리 치트키** **용기가 없어 사랑을 놓치는 당신에게**
>
> 1. **'자신과 거리 두기'로 두려움 극복** 자신을 '나'가 아닌 '그'라는 삼인칭으로 객관화하고 응원함으로써 심리적 거리를 확보하여 상처받을 두려움에서 벗어난다.
> 2. **'완곡한 질문'으로 상대 배려** 상대에게 부담을 줄 수 있는 질문을 '집이 어디 쪽이세요?'처럼 선택지를 주는 완곡한 표현으로 바꾼다.

한 걸음 떨어져
세상을 보는 지혜

 살면서 마주하는 문제나 갈등은 어떻게 해결해야 할까? 우리는 흔히 자신의 경험과 감정을 중심으로 세상을 바라본다. 하지만 이러한 일인칭 시점에 갇혀 있으면 문제의 본질을 놓치기 쉽고, 때로는 좌절감에 빠지기도 한다.

 세상을 넓게 보는 사람들은 문제를 하나의 틀에 가두지 않고 다양한 관점에서 바라보는 지혜를 가지고 있다. 현재의 어려움을 단기적인 감정에 휩쓸리지 않고, 더 큰 그림 안에서 이해하며 극복해나간다. 문제를 해결하고 삶의 시야를 넓히는 두 가지 심리 기술에 대해 소개한다.

> ### ✽ 삼겹살집에서 시끄러운 옆 테이블 ✽
>
> 왕대, 히진, 시우 세 친구가 삼겹살집에서 저녁을 먹고 있었다. 그런데 옆 테이블의 공사장 인부로 보이는 중년 남성들이 시끄럽게 건배하며 큰 소리로 대화를 시작했다. 히진은 귀를 막으며 짜증을 냈다. "작게 말해도 다 들리는데 왜 저렇게 소리 지르는 거야?" 왕대도 불평했다. "목소리 큰 게 아저씨들 특징이지."
> 하지만 시우는 달랐다. 그는 아저씨들을 잠시 바라보더니 조용히 말했다. "저분들 근처 공사 현장에서 일하시는 분들 같아. 공사장이 워낙 시끄러우니까 크게 말하는 게 습관이 됐을 수도 있고, 아니면 청력이 조금 상하셔서 그럴 수도 있지." 그러고는 주변 테이블을 둘러보며 덧붙였다. "그래도 다른 사람들한테 피해 주면 안 되지. 다른 손님들도 불편해하는 것 같네. 조금 심하긴 해."

위치 감지법: 다양한 관점으로 세상을 이해하는 능력

인간은 저마다 생김새도 다르고, 생각하는 방식도 모두 다르다. 하지만 한 가지 공통점이 있다면, 우리 모두 '일인칭 시점'으로 세상을 살아간다는 것이다. 우리는 나의 경험, 나의 생각, 나의 감정을 중심으로 세상을 바라본다. 자연스러운 현상이지만, 때로는 우리의 시야를 좁히는 원인이 되기도 한다.

대부분의 사람들은 어떤 상황이 발생했을 때 '나의 입장'에서만 세상을 바라본다. 예를 들어 식당 옆자리에서 큰 소리로 떠드는 사람들을 본다면, 우리는 쉽게 그들을 시끄럽고 매너 없는 사람으로 단정 지을 수 있다. 이는 나의 편안함을 기준으로 판단하는 것이다. '왜 저렇게 소리 질러? 목소리 진짜 크네!' 같은 생각이 드는 것이 바로 이런 일인칭 시점의 반응이다.

하지만 세상을 바라보는 시야가 넓은 사람은 다르다. 이들은 같은 공간에서 같은 사건을 겪어도 훨씬 더 많은 것을 볼 수 있다. 왜냐하면 단순히 '나의 시선'에서만 보는 것이 아니라, '상대방의 입장'에서도 상황을 이해하려고 노력하기 때문이다. 큰 소리로 이야기하는 사람들을 보면서 '혹시 공사장에서 일해서 큰 소리로 말하는 게 습관이 되었을까? 아니면 귀가 좀 안 좋으신가?' 하고 생각해보는 것처럼 말이다. 이러한 생각은 단순히 상대방을 비난하는 대신, 그들의 행동 뒤에 숨겨진 맥락을 이해하려는 시도다.

여기서 멈추지 않고 시야가 넓은 사람들은 더 나아가 '제삼자, 즉 다수의 입장'까지 바라본다. '다른 사람들도 시끄럽다고 느끼지는 않을까? 다른 손님들에게 피해가 가지는 않을까?' 같은 생각을 하는 것이다. 개인적인 불편함을 넘어 공동체 전체에 미치는 영향을 고려하는 것이다.

이처럼 어떤 대상이나 사건, 문제를 단 하나의 틀에서 보는 것이 아니라, 나의 입장, 상대방의 입장, 그리고 제삼자의 입장까지 세 가지 위치에서 넓게 바라보는 태도를 '위치 감지법'이라고 한다. 위치 감지법은 단순히 남을 이해하는 것을 넘어, 우리가 처한 문제 상황을 더욱 객관적이고 합리적으로 판단할 수 있도록 한다.

예를 들어 직장에서 동료와 갈등이 생겼을 때, 우리는 흔히 '내가 뭘 잘못했지? 저 사람이 왜 저렇게 나오지?' 하며 감정적으로만 반응하기 쉽다. 하지만 위치 감지법을 활용하면, '상대방은 나를 어떻게 생각하고 있을까? 다른 팀원들은 우리의 갈등을 어떻게 보고 있을까?' 하고 생각해볼 수 있다. 이렇게 다양한 시선으로 문제를 바라보면, 좁은 시야에서는 보이지 않던 해결책이나 새로운 관점을 발견할 수 있다. 그러면 단순히 감정에 휩쓸리지 않고, 좀 더 현명하고 합리적인 판단을 내릴 수 있게 된다.

✶ 직장인과 프리랜서의 고통 ✶

삼겹살집에서 왕대와 히진은 각자 자신의 고충을 털어놓으며 투덜거렸다. 왕대는 직장 생활의 답답함을 토로했다. "MZ 사원? 실제로는 그런 거 없어. 요즘 진짜 너무 힘들다." 히진도 지지 않고 프리랜서의 고충을 내세웠다. "프리랜서는 뭐 쉬운 줄 알아? 너희는 최소한 일거리 떨어질 걱정은 없잖아. 나도 진짜 피 말린다니까?" 두 사람은 서로의 어려움을 비교하며 설전을 이어갔다.

"그래도 너는 사람 때문에 스트레스받진 않잖아."

"나는 그냥 하루하루가 고통의 연속이거든? 네가 그 기분 알아?"

그때 옆 테이블에서 소주를 시끄럽게 마시던 중년의 인부들이 왕대와 히진의 아웅다웅하는 모습을 힐끗 바라봤다. 눈이 마주친 시우는 가볍게 고개를 끄덕이며 에어 건배를 보냈고, 아저씨도 소주잔을 들어 호응했다. 잠시 후 아저씨가 "여기 빨간 뚜껑 한 병 추가요!"라고 외치자, 시우도 미소를 지으며 "사장님, 여기도 빨간 뚜껑 하나 부탁드릴게요!"라고 화답했다.

타임라인 틀 세우기
: 미래의 관점에서 현재를 바라보는 지혜

 인생을 살다 보면 크고 작은 힘든 시련이 찾아오기 마련이다. 어려운 상황에 부딪혔을 때, 대부분의 사람들은 자연스럽게 '과거에 잃어버린 것'에 초점을 맞춘다. '그때 이렇게 했어야 했는데……. 왜 시간을 낭비했을까?' 하며 의미 없는 후회와 자책으로 시간을 허비하곤 한다. 현재의 어려움이 너무나 크게 느껴져 좌절하고, 미래가 막막하게 느껴지는 것이다.

 하지만 세상을 넓게 보는 사람들은 이런 순간에 특별한 지혜를 발휘한다. 바로 '시간의 틀을 전환'하여 초점을 과거에서 '미래에 얻을 것'으로 옮겨놓는 것이다. 그들은 현재의 어려움을 단편적인 사건으로 보지 않고, 인생이라는 긴 타임라인 위에 놓인 하나의 과정으로 인식한다.

 만약 10년 뒤의 내가 지금의 나를 본다면 뭐라고 조언해줄까? 같은 질문을 스스로에게 던져보는 것이 유명한 예시이다. 이러한 질문은 현재의 고통스러운 상황을 '미래의 관점'에서 객관적으로 바라보게 한다. 당장 눈앞의 어려움 때문에 모든 것이 끝난 것 같을 때, 미래의 시점에서 지금을 돌아보면 어떤 의미를 가질지 생각해보는 것이다.

이렇게 미래의 관점에서 현재를 바라보면, 인생을 훨씬 길게 바라볼 수 있는 눈을 가질 수 있다. 오늘날 우리를 힘들게 하는 어려움은 '현재'라는 시간의 틀에서 보면 막막하고 거대한 벽처럼 느껴질 수 있다. 하지만 '미래'라는 넓은 시간의 관점에서 현재를 바라본다면, 지금 나를 죽일 듯한 이 고통 또한 그저 지나가는 하나의 에피소드일 뿐이라는 것을 깨닫게 된다.

힘들었던 순간들이 나중에 돌이켜보면 생각보다 별 게 아니었음을, 오히려 그때의 경험 덕분에 내가 더 성장하고 단단해질 수 있었음을 느끼는 순간이 분명히 찾아올 것이다. 어른이 되어서 어린 시절의 서툰 경험을 웃으며 이야기할 수 있는 것처럼 말이다. "그때 참 힘들었지, 하지만 덕분에 지금의 내가 있을 수 있었어"라고 말할 수 있게 되는 것이다.

세상을 넓게 보는 사람들은 단기적인 감정이나 좌절에 휩쓸리지 않고 장기적인 관점에서 현재의 어려움을 이해하고 극복할 힘을 얻는다. 그들은 살면서 겪는 모든 경험을 더 큰 그림 안에서 이해하고 받아들인다. 우리는 모두 일인칭 시점으로 세상을 살아가지만, 의식적으로 다양한 관점을 수용하고 미래를 내다보는 훈련을 통해 시야를 넓힐 수 있다. 우리는 오늘 어떤 관점으로 세상을 바라보고 싶은가?

> 💙 심리 치트키 **한 걸음 떨어져 세상을 보는 지혜**
>
> 1. **'위치 감지법'으로 관점 확장** 문제 상황을 나의 입장, 상대방의 입장, 제삼자의 입장 세 가지 위치에서 넓게 바라봄으로써 문제의 본질과 숨겨진 맥락을 객관적으로 이해한다.
> 2. **'타임라인 틀 세우기'로 미래 지향** 현재의 어려움을 과거의 후회가 아닌, 미래의 성장 과정에 놓인 '하나의 에피소드'로 인식하고 장기적인 관점을 얻는다.

7장

감정,

외부 환경을 해결하기

정리가 당신의 마음을
치유하는 법

 요즘 마음이 복잡하고 생각이 많다면 주변을 한 번 둘러보자. 의외로 우리 주변의 물건들이 우리의 마음을 어지럽히는 원인일 수 있다. 정리 전문가 곤도 마리에의 정리법을 통해 복잡한 마음을 가볍게 만드는 비밀을 배울 수 있다.

설레지 않으면 버려라

 곤도 마리에의 정리 철학은 아주 단순하면서도 강력하다. 바로 '설레지 않으면 버려라'이다. 이 말은 단순히 집안을 깨끗하게 만들자는 이야기가 아니다. 이는 우리의 복잡한 마음을 정리하는 심리학적인 방법이기도 하다.

우리가 가지고 있는 물건들은 단순히 물건으로 끝나지 않는다. 그 물건에 담긴 기억, 감정, 그리고 언젠가는 쓸모가 있겠지 하는 막연한 기대감까지 우리 마음속에 쌓이게 된다.

예를 들어 언제 입었는지 기억도 안 나는 옷을 보며 살 빼면 입어야지, 언젠가 유행이 돌아오겠지 하고 생각한다. 이 옷은 우리에게 끊임없이 '아직 해결하지 못한 숙제'라는 심리적 부담을 준다. 이런 물건들이 쌓일수록 우리 마음은 마치 복잡한 잡동사니 창고처럼 되어버린다.

곤도 마리에의 정리법은 이 모든 것과 이별하는 연습이다. 옷, 책, 물건 하나하나에 손을 얹고 손으로 직접 물건 만져본다. 그 물건을 만졌을 때 기쁨이나 설렘이 느껴지지 않는다면, 이제는 놓아줄 때이다. 미련 없이 버리되, 그 물건이 내 삶에 존재해주었던 시간에 감사하며 작별 인사를 건넨다.

이렇게 의미 없이 붙잡고 있던 물건들을 놓아줌으로써, 우리는 불필요한 생각과 감정의 짐에서도 벗어나게 된다. 이는 '물질 과잉'의 피로감에서 벗어나 마음을 훨씬 더 자유롭고 가볍게 만들어준다.

물건 정리에서 시작되는 마음의 평화

만약 요즘 마음이 복잡하고 삶이 무겁게 느껴진다면, 지금 당장 주변을 정리해보는 것도 좋은 방법이다. 더 이상 설렘이 느껴지지 않는 물건들은 미련 없이 버리는 것이다.

이 원리는 인간관계에도 마찬가지이다. 더 이상 설렘이나 긍정적인 감정을 주지 않고 오히려 심리적 부담만 주는 관계가 있다면, 그 관계에 대해서도 한 번쯤 진지하게 생각해보는 용기가 필요하다.

물건을 정리하듯 마음속의 잡동사니를 비워내면, 우리의 삶은 훨씬 더 가볍고 평화로워질 것이다.

🩵 심리 치트키 정리로 마음을 치유하는 법

1. **'설레지 않으면 버려라'는 심리적 정리** 물건에 담긴 미해결 숙제 같은 심리적 부담과 불필요한 감정의 짐을 해소하기 위해, '설렘'을 기준으로 물건(혹은 관계)을 정리한다.
2. **물건 정리는 마음의 평화** 미련 없이 물건을 비워내는 행위를 통해 '물질 과잉'의 피로감과 복잡한 생각을 덜어낸다.

초라함에 지지 않는
단단한 마음

 잘난 사람 앞에 서면 왠지 모르게 초라해지고, 그 사람의 능력에 압도당해 주눅 든 적이 있을 것이다. 이럴 때마다 '나는 왜 이렇게 작아지는 걸까'라는 생각에 힘들어하기도 한다. 그런 상황에서도 당당함을 잃지 않고 자신을 지키는 법은 꾸준한 연습과 노력을 통해 충분히 얻을 수 있는 능력이다.

시야를 넓게 보는 습관

우리는 누군가에게 압도당할 때 시야가 좁아지는 현상을 겪는다. 우리 뇌는 한 번에 많은 정보를 처리하기 어려워서 '저 사람 너무 대단해'라는 생각에 모든 에너지를 쏟아붓게 되면, 마치 그 사람만 스포트라이트를 받는 것처럼 다른 모든 것들이 흐릿하게 보인다.

이때 내 옆에 있는 동료나 주변 환경은 물론, 심지어 나의 존재까지도 잊어버리게 된다.

이런 상황을 극복하기 위해서는 의도적으로 시야를 넓히는 연습이 필요하다. 회의실에서 발표하는 사람에게만 집중하는 대신, 잠시 시선을 돌려 회의실 전체를 둘러보는 것이다. 창가의 화분이나 사람들의 옷차림처럼 아주 사소한 것들까지도 의식적으로 살펴본다. 주변의 소리나 냄새, 공간의 분위기에도 집중해본다.

이렇게 시야를 넓히면 내 에너지가 특정 대상에게만 쏠리지 않고 분산된다. 그러면 '저 사람 혼자 빛나는 영웅'이 아니라, 나는 이 상황의 일부라는 생각이 자연스럽게 들게 된다. 결과적으로 상대방이 나를 압도하는 느낌이 훨씬 줄어들고, 내가 통제할 수 있는 공간에 있다는 안정감을 되찾을 수 있다.

나를 주어로 말하는 습관

잘난 사람 옆에 있으면 '나는 별 볼 일 없는 사람'이라는 생각에 자신감이 떨어지기 쉽다. 이때 우리는 무의식적으로 자신의 생각이나 의견을 말할 때 '나'를 빼고 말하는 경향이 있다.

> "이건 이렇게 하는 게 좋지 않나요?"
> "이런 문제가 있는 것 같아요."

이렇게 말하면 내 의견이 마치 객관적인 사실인 것처럼 들리지만, 사실은 내 주장이 공격받을까 봐 숨으려는 심리가 담겨 있다. 이때 의식적으로 '나'를 주어로 사용해야 한다.

> "저는 이렇게 하는 게 좋다고 생각합니다."

"저는 이런 점이 문제라고 느꼈습니다."

'나'라는 주어를 붙여 말하는 것은 내 생각에 대한 책임과 주체성을 스스로에게 부여하는 행동이다. '이것은 나의 의견'이라고 선언하는 셈이다. 이렇게 말하면 상대방에게도 훨씬 더 자신감 있고 신뢰감 있는 사람으로 비쳐진다. 무엇보다도, 내 생각과 감정에 주체성을 부여하는 이 습관은 결국 스스로를 존중하는 마음을 키워준다.

> 심리 치트키   **초라함에 지지 않는 마음**
>
> 1. **시야를 넓게 보며 에너지 분산** 특정 대상에게 압도당할 때 시선을 주변 환경 전체로 의도적으로 분산시켜 에너지 쏠림을 막고, 내가 상황의 일부라는 안정감을 되찾는다.
> 2. **'나'를 주어로 말하는 습관** 의견을 말할 때 '나'를 주어로 사용하여 자신의 생각에 대한 책임과 주체성을 스스로 부여한다.

이유 없이 우울할 때
마음 다스리는 법

이유 없이 괜히 울적한 마음이 들 때가 있다. 특별한 일이 없는데도 기분이 가라앉거나 무기력함을 느낀다. 이러한 이유 없는 울적함을 즉시 해소할 수 있는 방법이 있다. 우리의 무의식에 긍정적인 영향을 주어 기분을 전환하는 간단하지만 효과적인 방법이다.

> ### ✻ 혜정 대리의 무거운 가방과 마음 ✻
>
> 등산로 입구, 등산복 차림의 혜정 대리가 자기 몸만 한 커다란 배낭을 메고 나타나자 히진과 경헌 부장은 놀란 표정을 지었다. 히진

이 "대리님, 안 무거우세요?" 하고 묻자, 경헌 부장도 "뭐야, 자기 몸만 한 걸 메고 왔네?"라며 감탄하듯 말했다. 혜정은 머쓱하게 웃으며 "혹시 몰라서 이것저것 좀 챙겨왔어요"라고 답했다. 평소에도 어딘가 지쳐 보였던 혜정은 늘 큰 숄더백을 메고 다니며 버스정류장에서 깊은 한숨을 내쉬곤 했다.

며칠 뒤, 카페에서 만난 혜정과 그녀의 남자친구 시우. 시우는 핸드폰 게임을 하다 무심하게 물었다. "무슨 일 있어? 기분이 안 좋아 보이는데?" 혜정은 시무룩하게 "응? 딱히 아무 일 없는데?"라고 대답했다. 시우는 혜정을 흘끗 보더니 옆에 놓인 거대한 가방을 가리키며 물었다. "근데 넌 왜 항상 짐을 그렇게 많이 들고 다니냐? 안 불편해?" 혜정은 무심한 표정으로 말했다. "뭐, 그냥 혹시 모르니까 들고 다니는 거지. 딱히 불편하진 않거든."

하지만 사실 무거운 가방이 혜정의 무의식적인 기분에 영향을 미쳐, 마음까지 무겁게 만들고 있었던 건 아닐까?

몸이 가벼우면 마음도 가벼워진다

혹시 어딜 가든 가방을 무겁게 들고 다니는 사람이 있을지도 모르겠다. 필요 이상으로 많은 짐을 챙겨 다니는 습관이 있다면 주목해야 할 사실이 있다. 우리 인간의 기분은 신체의 영향을 매우 크게 받는다는 점이다. 몸이 무거워지면 은연중에 마음까지 무거워질 수 있다.

미국 버지니아 대학의 데니스 프로핏 Dennis Proffitt 교수는 흥미로운 실험을 진행했다. 실험 참여자들을 두 그룹으로 나누어, 한 그룹에게는 무거운 배낭을 메게 하고 다른 그룹은 맨몸으로 실험에 참여하게 했다. 그런 다음 두 그룹에게 언덕 사진을 보여주며 언덕의 각도가 어느 정도 되어 보이는지 질문했다. 그 결과, 무거운 배낭을 멘 그룹이 맨몸인 그룹보다 언덕을 훨씬 더 가파르게 느꼈다고 한다. 단지 무거운 가방을 메고 있는 것만으로도 아직 오르지도 않은 언덕을 훨씬 더 험난하게 느꼈던 것이다.

이 실험 결과는 우리에게 중요한 시사점을 준다. 우리가 평소에 가방을 무겁게 메고 다닌다면, 알게 모르게 몸은 더 큰 피로감을 느끼고, 이러한 신체적 무거움은 무의식적으로 우리의 기분까지 무겁게 가라앉힌다는 것이다. 힘든 언덕을 오르는 것처럼 일상생활의 작은 일들도 더 버겁고 힘들게 느껴질 수 있다.

따라서 괜히 울적하고 기분이 가라앉는다면, 자신의 가방이 너무 무거운 건 아닌지 확인해볼 필요가 있다. 불필요한 짐을 줄여 몸을 가볍게 하면, 은연중에 마음까지 가벼워지는 것을 느낄 수 있을 것이다.

> ### ✳ 혜정 대리의 쌓인 감정 ✳
>
> 회사 사무실에서 경헌 부장은 혜정의 디자인 시안을 빨간 펜으로 가차 없이 지적했다. "어휴, 전체적으로 너무 촌스럽지 않니? 혜정아." 혜정은 '아무리 그래도 사람들 앞에서 이렇게까지 말해야 하나?'라는 생각이 들었지만, 고개를 떨군 채 "아니요, 맞습니다"라고만 답했다.
>
> 이후 무미건조한 표정으로 수정한 디자인을 내밀며 말했다. "디자인 다시 수정해 왔습니다." 그러나 경헌 부장은 고개를 갸웃하며 되물었다. "수정한 거 맞아? 여전히 별로인데? 뭐야, 너 지금 기분 나쁘니? 기분 나쁘면 말해." 고개를 푹 숙인 혜정의 몸은 미세하게 떨렸지만, 그녀는 다시 감정을 억누른 채 대답했다. "아니요…… 죄송합니다." 사무실 분위기는 순식간에 싸늘해졌다.
>
> 혜정은 언제나 그랬듯 자신의 감정을 덮고 삭히고 숨겼다. 자신만 참으면 모두가 그런대로 무마된다고 생각했기 때문이다. 하지만 혜정은 알지 못했다. 감정을 덮은 자리에는 서서히 고름이 차오르고 있다는 사실을. 언젠가는 어떤 형태로든 터질 수밖에 없는 형국이었다. 그렇기에 때로는 자신의 감정을 솔직하면서도 정중하게 표현할 필요가 있다. 성난 몸으로는 멀리 갈 수 없는 법이고, 마음

도 마찬가지다.

"부장님이 그렇게 말씀하시는 게 조금 힘이 듭니다. 그 부분만 조금 더 신경 써주신다면 저도 앞으로 더 열심히 하겠습니다."

한국 사회에서 이런 감정 표현은 다소 비현실적으로 느껴질지도 모른다. 하지만 언제 어떤 모습으로 터질지 모를 시한폭탄을 안고 살아가는 것보다는 이편이 훨씬 나을 수 있다는 점을 염두에 둘 필요가 있다.

며칠 뒤, 공원에서 시우와 마주 선 혜정은 작은 가방을 메고 있었다. "뭐야? 웬일로 작은 가방을 메고 왔네?"라는 시우의 물음에 혜정은 웃으며 답했다. "응. 이제부터는 중요한 것들만 챙기려고." 시우가 허탈하게 "아 그래? 그럼 보조배터리는 누가 챙겨주냐"라고 하자, 혜정은 작은 가방에서 보조배터리 두세 개를 꺼내 건네며 활기차게 말했다. "이제 네 건 직접 챙겨야지." 혜정의 얼굴에는 홀가분한 미소가 가득 번졌다.

호손 효과와 감정 표출

일하기도 싫고, 사람 만나는 것도 싫고, 그냥 아무것도 하지 않고 싶은 무기력한 순간이 누구에게나 찾아올 수 있다. 이러한 깊은 무력감에 빠져드는 이유는 무엇일까? 바로 감정 표출을 제대로 하지 못했기 때문이다. 부정적인 감정이 쌓였을 때, 무작정 통제하고 억압하면 의욕과 생산성은 급격히 떨어지고, 점점 더 깊은 무기력에 빠져들게 된다.

부정적인 감정을 억압하고 쌓아두면, 우리의 의욕과 생산성은 바닥을 치고 점점 더 깊은 무기력에 빠져들 수밖에 없다. 그렇기에 부정적인 감정도 적절히 표출할 줄 알아야 한다. 물론 감정 표출이 곧바로 모든 문제를 해결해주는 명쾌한 해결책이 아닐 수도 있다. 때로는 오히려 상황을 더 악화시킬 수도 있으므로, 감정 폭격을 해버리는 것은 피해야 한다.

하지만 최소한의 감정 표출은 반드시 필요하다. 모든 것이 다 싫어져 의욕과 생산성을 모두 잃어버린 무기력의 순간에도 말이다. 이처럼 감정을 표출한다고 해서 명쾌한 해결책을 얻거나 항상 좋은 반응을 얻는 것은 아니지만, 쌓인 감정을 표출해내는 것만으로도 의욕과 생산성은 다시금 되살아날 수 있다. 이는 '호손 효과' 중 '감정 표출' 측면과도 연결된다. 자신의 감정을 솔직하게 표현하는 것 자체가 심리적 해방감을 주어 무기력에서 벗어나게 돕는다는 효과이다.

그러니 언제까지나 자기 자신을 속여가며 억지로 감정을

억누르기보다는, 때로는 자기 감정에 솔직해지는 것도 좋은 방법이다. 작은 변화와 솔직한 감정 표현이 우리의 무거운 마음을 즉시 가볍게 만들어줄 수 있다.

> **심리 치트키** **이유 없이 우울할 때 마음 다스리는 방법**
>
> 1. **'무거운 가방' 버리기** 몸의 무거움이 마음까지 무겁게 만든다. 불필요한 짐을 줄여 몸을 가볍게 한다.
> 2. **'호손 효과'를 통한 감정 표출** 부정적인 감정을 억압해 무기력에 빠지기보다, 최소한의 감정을 솔직하게 표출하는 것만으로도 심리적 해방감을 얻고 의욕과 생산성을 되살릴 수 있다.

K | 신서 13867

관계가 술술 풀리는 감정 치트키

1판 1쇄 인쇄 2025년 10월 23일
1판 1쇄 발행 2025년 11월 5일

지은이 비치키
펴낸이 김영곤
펴낸곳 ㈜북이십일 21세기북스

인생명강팀장 윤서진 **인생명강팀** 박강민 유현기 황보주향 심세미 이현지
디자인 김지혜
마케팅 이수진 유진선
영업팀 정지은 한충희 장철용 강경남 황성진 김도연 이민재
제작팀 이영민 권경민

출판등록 2000년 5월 6일 제1406-2003-061호
주소 (10881) 경기도 파주시 회동길 201(문발동)
대표전화 031-955-2100 **팩스** 031-955-2151 **이메일** book21@book21.co.kr

㈜북이십일 경계를 허무는 콘텐츠 리더

21세기북스 채널에서 도서 정보와 다양한 영상자료, 이벤트를 만나세요!
페이스북 facebook.com/jiinpill21   **포스트** post.naver.com/21c_editors
인스타그램 instagram.com/jiinpill21   **홈페이지** www.book21.com
유튜브 youtube.com/book21pub

서울대 가지 않아도 들을 수 있는 명강의! 〈서가명강〉
'서가명강'에서는 〈서가명강〉과 〈인생명강〉을 함께 만날 수 있습니다.
유튜브, 네이버, 팟캐스트에서 '서가명강'을 검색해보세요!

ⓒ비치키, 2025

ISBN 979-11-7357-567-9 03180

- 이 책 내용의 일부 또는 전부를 재사용하려면 반드시 ㈜북이십일의 동의를 얻어야 합니다.
- 잘못 만들어진 책은 구입하신 서점에서 교환해드립니다.
- 책값은 뒤표지에 있습니다.

삶의 나침반이 되어주는 이야기가 필요할 때 **21세기북스**

김덕진, 김아람 저

『적게 일하고 많이 버는 AI 워커스』

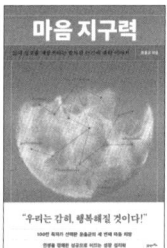

윤홍균 저

『마음 지구력』

유혜주, 조정연 저

『우리는 사랑 안에 살고 있다』

남디디 저

『내일도 흔들릴 나에게』

김규남 저

『기어코 반짝일 너에게』